인생을 건너는 여섯 가지 방법

SIX WAYS TO FOLLOW YOUR COMPASS
By Steve Donahue

Originally published by Gimm-Young Publishers, Inc., 17 Jongrogu, Gahoedong, 110-260, Republic of Korea.

인생을 건너는 여섯 가지 방법

6 WAYS TO FOLLOW YOUR COMPASS

스티브 도나휴

김명철 옮김

김영사

인생을 건너는 여섯 가지 방법

저자_ 스티브 도나휴
역자_ 김명철

1판 1쇄 인쇄_ 2011. 8. 1
1판 2쇄 발행_ 2011. 8. 4

발행처_ 김영사
발행인_ 박은주

등록번호_ 제406-2003-036호
등록일자_ 1979. 5. 17.

경기도 파주시 교하읍 문발리 출판단지 515-1 우편번호 413-756
마케팅부 031)955-3100, 편집부 031)955-3250, 팩시밀리 031)955-3111

값은 뒤표지에 있습니다.
978-89-349-5457-6 03320

독자의견 전화_ 031) 955-3200
홈페이지_ http://www.gimmyoung.com
이메일_ bestbook@gimmyoung.com

좋은 독자가 좋은 책을 만듭니다.
김영사는 독자 여러분의 의견에 항상 귀 기울이고 있습니다.

❖

이 책을
아버지 조지와 어머니 줄리 도나휴에게 바칩니다.

/

/

7월 말에 남부 플로리다에 가고 싶지는 않았다. 저렴한 비수기 요금으로 휴가를 즐기려는 가족들로 호텔들은 북적인다. 푹푹 찌는 더위와 숨 막히는 습도는 차라리 살을 엘 듯 추운 캐나다의 겨울을 그리워하게 만든다. 게다가 허리케인 시즌이기도 하다. 하지만 일이 있는 곳이면 어디든 찾아가는 나는 미국연방보호관찰관 회의 연설 때문에 관광지인 포트로더데일Fort Lauderdale로 출발했다.

호텔에 도착해 여장을 풀고 저녁을 먹은 뒤, 해질녘 바닷가를 산책하려고 밖으로 나갔다. 왼편으로는 대서양이 펼쳐져 있었고 동쪽 수평선 위의 층층 구름은 오른편 도시 위로 막 저문 석양에 물들어 있었다. 머리 위에 뜬 반달은 마이애미까지 빽빽이 줄지어 선 호텔과 콘도에서 나오는 불빛들과 경쟁하며 빛나고 있었다.

바닷가는 저녁 산책을 즐기는 가족과 연인들로 북적였다. 사람들

7

은 해변 곳곳에 쳐진 경찰 저지선을 피해 이리저리 걷고 있었다. 마치 드라마 'CSI'를 방불케 했다. 남부 플로리다는 미국으로 마약을 불법 반입하는 통로로 악명이 높다. 밀매자들은 대부분 어둠을 틈타 내가 있던 곳과 같은 해변을 통해 마약을 들여온다. 나도 곳곳의 범죄 현장 사이를 이리저리 피해 지나갔다. 문득 이렇게 평화로운 해변에서 얼마나 끔찍한 범죄들이 일어난 건지 궁금했다. 그리고 수많은 관광객들은 이 같은 범죄 현장을 지나치면서도 어쩌면 저렇게 웃고 떠들며 아무렇지도 않을 수 있는지 의아했다.

산책하는 30여분 동안 이런 통제구역을 10군데쯤 지나쳤다. 해는 완전히 저물었고 어둠은 사람들의 귀가를 재촉하고 있었다. 그런데 한쪽에서 아이, 청소년, 어른 등 여남은 사람들이 빙 둘러서서 어딘가를 뚫어지게 들여다보고 있는 모습이 보였다. '뭘 보고 있는 거지? 뼈나, 바다에서 밀려온 시체 토막?' 기분이 좋지 않아진 나는 그들 곁을 조용히 지나치려고 고개를 숙인 채 걸어갔다.

하지만 곧 들키고 말았다. 구경꾼 무리 중 한 여자가 나에게 오라고 손짓했다. 굳이 거절하기도 그렇고 무엇을 그리 열심히 보는지도 궁금해져서, 조용히 구경꾼들 틈에 끼었다. 달빛에 보이는 것이라곤 모래 위로 튀어나온 검은 막대기 끝부분뿐이었다. 그런데 갑자기 그 막대기가 움직였다! 사람들은 감탄사를 연발하며 웅성댔다.

"바다거북 새끼들이에요, 이제 막 부화하려는 중이죠. 이제 금방 나올 거예요." 내게 손짓했던 여자가 말했다. "처음 나오는 녀석이

제일 힘들어요. 하지만 일단 한 마리가 모래 밖으로 나오면 다른 녀석들도 뒤따라 나온답니다. 적어도 백 마리는 될 거예요."

그제야 알았다. 경찰 저지선이 쳐져 있어 범죄 현장인 줄 알았던 모든 곳이 사실은 바다거북의 산란 장소였던 것이다! 마약 밀매업자들이 배를 타고 해변에 숨어든 게 아니라, 200킬로그램이나 되는 붉은 바다거북 암컷이 어둠을 틈타 거대한 몸을 이끌고 바다에서 나와 모래구멍을 파고 알을 낳았던 것이다. 그리고 두 달이 지난 지금, 새끼거북들이 막 알을 깨고 나와 불과 몇 미터 떨어진 대서양의 파도 속으로 사력을 다해 달려가려던 참이었다. 거북의 짝짓기 철이면 플로리다 해변을 순찰하는 자원봉사자들은 새로운 둥지를 찾아내 모래 속에 말뚝을 박고, 현장 보존 테이프를 두른 뒤, 마지막으로 알 낳은 날짜를 기록한 작은 플라스틱 카드를 붙여 놓는다. 나는 그제야 알아보았다.

나는 사람들 틈에서 조용히 20분을 더 지켜보았다. 20그램도 채 나가지 않는 작은 새끼거북이 모래에서 빠져나오려고 버둥대다가 이따금 멈춰 쉬었다. 앞발 하나가 모래 위로 나오고 다음 순간 다른 앞발 하나도 빠져나오더니, 마침내 완전히 몸을 빼낸 새끼거북은 바다를 향해 매우 빠르게 움직였다. 만약 그놈이 수컷이라면 평생을 보내게 될 곳으로.

곧이어 두 번째 거북이 같은 구멍에서 나오더니 앞서 나온 거북 뒤를 바짝 뒤쫓았다. 약 5초 후에는 지름이 50센티미터쯤 되는 원형 모래더미가 통째로 흔들리더니 마치 끓는 물이 담긴 냄비처럼 부글부글 움직였다. 이윽고 수십 마리의 새끼거북들이 우르르 쏟아져 나왔다. 그런데 이상한 일이 벌어졌다. 처음 빠져나온 두 녀석을 포함한 모든 새끼거북들이 갑자기 유턴을 하더니 바다가 아닌, 해변과 나란히 있는 반대편 6차선 고속도로로 향하는 것이 아닌가!

누가 봐도 거북이들에게는 엄청난 재앙이다. 다행히 고속도로에 닿지 않더라도, 내일 아침 불타오르는 열대의 태양은 관광객들이 아침식사를 마치기도 전에 이 녀석들을 말려죽일 것이다. 그런데다 작은 거북들은 뒤쫓기 어려울 만큼 여기저기로 뿔뿔이 흩어지고 있었다. 빨리 조치를 취해야 했다.

일순간 우리는 이곳에 온 목적을 잊고 말았다. 관광하러 온 사람도, 강연하러 온 사람도 무슨 이유로 플로리다에 왔는지 잠시 잊고, 새끼 붉은바다거북들이 방향을 바꾸어 올바른 방향인 바다로 향하도록 최선을 다해 돕는 '거북 인도자'들이 되었다. 나에게 손짓해서 무리에 끼어 들인 여성은 우리에게 경고했다. 거북을 집어 들어 물에 넣으면 안 된다고 말이다. 가장 쉬워 보이는 방법이지만 결코 거북을 위한 일이 아니라고 했다. 거북이들은 25~30년 뒤에 이 바닷가로 돌아와 짝짓기를 하고 자신들이 태어난 바로 이 모래사장에 알을 낳기 위해 숙명적으로 돌아와야 한다. 그렇기 때문에 해변의 위치를 똑똑히 기억하기 위해서는 자신의 힘으로 바다까지 기어가야 한다는 말이었다.

거북이 인도자는 열 명 정도였기에 한 사람 당 열댓 마리 거북을 안전한 바다로 인도하면 되었다. 나는 한 번에 한 마리씩 집중하기로 했다. 첫 번째 거북이를 이끌기 위해 그놈이 넘을 수 없을 만큼의 높이로 모래벽을 쌓았다. 거북은 벽을 따라갈 수밖에 없었고, 내가 벽을 계속 쌓아나가자 결국 천천히 바다 쪽으로 방향을 틀었다. 그런데도 계속 모래벽을 기어올라 고속도로 쪽으로 돌아가려는 걸 보니 포트로더데일의 불빛이 이들을 끌어당기는 강력한 자석임이 분명했다. 계속 대각선으로 길을 유도한 끝에 마침내 그 작은 친구를 젖은 모래까지 인도할 수 있었다.

그때 좋은 변화가 일어났다. 새끼거북은 갑자기 자신이 어디로 가야할지 깨달은 것 같았다. 죽음만 기다리고 있는 고속도로와 현란한 호텔 불빛을 버린 거북은 파도를 향해 내달렸다. 젖은 모래가, 바다냄새가, 혹은 바다의 부드러운 파도 소리가 녀석의 혼동을 잠재웠고 가야 할 길도 바꾸어 주었다. 나는 모래벽 쌓기를 멈추고 바라보았다. 내가 인도했던 새끼거북이 향하고 있는 해변에 파도가 부딪혀 하얀 거품이 일어났다. 약해진 파도가 닿자 거북이는 검은 물속으로 몸을 감추더니 이내 시야에서 사라졌다. 애초에 그곳에 있지 않았다는 듯, 마른 모래사장에 존재한 적도 없었다는 듯, 마치 모든 것이 꿈인 듯…. 그러다 구해야 할 다른 녀석들이 여남은 마리 더 있다는 걸 퍼뜩 깨닫고는 몽상을 접어둔 채, 나는 방황하고 있는 녀석들에게 되돌아갔다.

우리는 100여 마리의 거북들이 안전하게 바다를 찾도록 한 마리 한 마리씩 안내했다. 품에서 멀어지는 자식을 걱정하는 부모처럼, 바다가 새끼거북들을 잡아채듯 집어삼키는 모습을 질리지도 않고 바라보았다. 더는 거북들이 보이지 않을 때쯤 그날 처음 만난 우리는 서로 인사를 나누었고, 자연과 깊은 교감을 함께 나누며 생긴 끈끈한 유대감을 잠시 만끽했다.

밤이 깊어지자 사람들은 서서히 작별인사를 하고 호텔로 돌아갔다. 나는 혼자 남아 방금 일어난 일을 생각하려고 자리에 앉았다. 나는 거북이라는 동물에 매료되어 있었다. 육지 혹은 물속에서 가장 오래 사는 생명체 중 하나 아닌가. 그중에서도 특히 바다거북은 수십 년을 바다에서 보내다가 어느 날 그들이 태어난 바로 그 해변으로 돌아오는 희귀한 능력 때문에 많은 과학자들과 대중들의 호기심을 한 몸에 받는다.

최근까지 바다거북이 수년 동안 어디를 여행하다가 어떻게 돌아오는지는 미지의 영역이었다. 그러나 이제 우리는 그들이 해류를 따라 길을 찾고, 대양을 가로지르며, 허리케인을 견뎌내고 초대형 유조선이나 새우잡이 그물을 피하면서 수천 킬로미터를 여행한다는 사실을 안다.

최근 '아델리타'라고 이름 붙여진 암컷 붉은바다거북에서 위성 추적 장치가 발견되었다. 산란지인 일본에서 추적 장치가 부착된 아델리나는 태평양을 가로질러 멕시코의 바자 연안에서 먹이를 구하기 위해 12,000킬로미터를 이동했다. 그리고 언젠가는 산란을 위해 태어난 바로 그 해변으로 돌아갈 것이다. 이제 우리는 거북이 어떻게 그곳으로 돌아가는지도 안다. 바다거북의 뇌 안에는 지구의 자기장에 민감한 나침반이 있기 때문에 아델리타는 돌아가는 길을 찾을 것이다.

부드럽고 희미한 달빛 아래서 대서양 너머를 바라보며, 나는 광활하고 어두운 바다 속에 있을 새끼거북들을 생각했다. 지금 무얼 하고 있을까? 어디를 향하고 있을까? 저마다 자신만의 고독한 여행 중일 것이다. 그러나 어느 날, 살아남은 거북들은 다시 여기로 돌아올 것이다.

저 바다 건너편에는 무엇이 있을지 궁금해졌다. 물론 그곳에는 아프리카 대륙이 있다. 대서양 건너편 같은 위도에는 세계에서 가장 큰 사막이 펼쳐져 있다. 스무 살의 나는 새끼거북이 모험을 떠나듯 그 사하라 사막을 건넜다. 새끼거북처럼 별다른 계획이나 준비도 없이, 그러나 인생의 중요한 여행을 위해 꼭 필요했던 긴 여행을 떠났다. 그리고 새끼거북처럼, 나는 사하라 사막을 성공적으로 건널 수 있었다. 바로 나침반을 따라 갔기 때문이다.

사실 인간과 바다거북은 닮은 점이 많다. 우리는 안전한 둥지를 떠나 삶의 검은 바다 속으로 과감하게 뛰어들어야 한다. 때론 길을 잃기도 하고, 목적지가 아닌 곳으로 길을 잘못 들기도 한다. 그러나 운이 좋다면, 누군가가 혹은 어떤 경험이 우리를 옳은 길로 가도록 도와주기도 한다.

당신은 바다거북처럼 몸속에 이미 내장된 내비게이션 시스템을 갖추고 있다. 이 책은 당신이 내면의 나침반을 발견하고, 그것을 믿고 따라가도록 도울 것이다. 당신의 나침반이 당신을 어디로 인도할지는 나도 알 수 없다. 인생이라는 여행은 그 자체가 엄청난 미스터리이니까. 그러나 언젠가 그 나침반이 당신을 '집'으로 인도한다는 사실은 알고 있다. 태어난 도시나 마을이 아닌, 당신 자신만의 집으로 말이다. 당신의 나침반은 계속해서 당신을 올바른 삶의 방향과 목적으로, 그리고 당신이 누구이며 존재의 이유는 무엇인지 발견하도록 이끌 것이다.

차 례

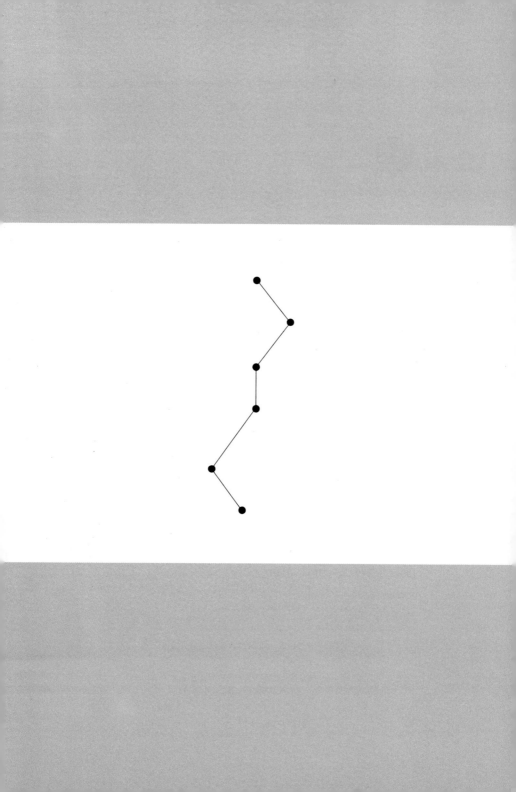

/

/

내면의 나침반을 갖고 떠나는 여행

당신이 지금 있는 자리에서 5,000킬로미터 아래로 내려가면, 용해된 철광석이 지구의 외핵(액체 상태로 존재하는 지구핵의 바깥쪽 부분-옮긴이)을 따라 돌고 있다. 타는 듯이 뜨거운 이 액체 금속의 흐름은 우리 행성이 자기장을 띠게 만드는 발전기 역할을 한다. 얼마나 장관이겠는가! 물론 지구가 자성을 띠게 되는 광경을 눈으로 볼 수는 없다. 하지만 단순히 나침반의 작동만 봐도 지구가 자성을 띠고 있으며, 지구 내부에 자성의 근원이 존재한다는 사실을 알 수 있다. 철새와 바다거북들의 이동에 지구자기장이 영향을 미치는 사실만으로도 그 존재를 짐작할 수 있다.

당신의 내면, 존재의 중심 깊은 곳에도 역시 바깥으로 발산되는 숨겨진 힘이 있다. 어떤 사람들은 이 신비한 에너지를 '영혼'이라고 말한다. 어떤 사람들은 '천재성'이라고 한다. 카를 융Carl Jung의 학설을 따르는 분석심리학자들은 이를 '자기Self(생각의 빛이 닿지 않는 깊은 무의식의 세계-옮긴이)'라고 불렀다. 몇몇 종교에서는 그 힘을 일컬어 '신'이라 이름 붙이기도 한다. 이름이 무엇이든지 지구의 용해된 핵과 마찬가지로 이 힘을 볼 수는 없지만 그 영향력은 보고 느낄 수 있다. 그 힘은 사람들이 각자 자신의 고유한 삶을 살아가도록 독려하는 듯 보인다. 우리가 누구인지, 왜 이 세상에 존재하는지에 관해 나름의 생각을 가지고 있는 듯하다. 나는 우리의 존재 깊숙이 자리 잡은 이 힘이 우리에게 의도되어 있는 삶을 살도록 안내하는 운명이라고 믿는다.

나침반은 지구의 자기장처럼 깊이 숨겨진 강력한 힘에 반응하는 탐지장치이다. 우리가 '감지기관'이라고도 부르는 이 탐지장치는 당신이 고유하게 갖고 있는 내면의 나침반이다. 내면의 나침반은 가장 깊은 내 안의 자아가 보내는 신호를 잡는다. 당신의 나침반은 깊은 내면으로부터 들리는 운명의 소리가 무엇인지 해석하고 이해하기 위한 수단이다.

운명을 따르는 것과 목적지를 알려주는 지도를 따르는 것은 다르다. 운명을 따르기 위해서는 깊은 내면의 중심으로부터 나오는 신호를 수신하고, 해석하고, 반응해야 하며, 그러기 위해서는 나침반을 따라 매일 올바른 방향으로 나아가야 한다. 이를 통해 시간이 지나고 인생이 흘러감에 따라 자신을 온전히 표현하고, 어떤 삶을 살 것인가라는 어려운 결정으로부터 도망치지 않으면서 진정 자신이 누구이며 세상에 어떻게 기여할 것인지를 정립할 수 있다.

운명을 만족시키기 위해 매일 새롭게 각성하고 노력하기란 부담스러운 일이다. 사실 누구도 운명을 미리 알 수 없기 때문에 이런 접근법은 효과도 없다. 그러니 긴장을 풀자. 이제부터는 나침반에 대해 말하려 한다. 나침반을 이용해 매일, 매주, 매월, 매년 옳은 방향으로 향해 가는 것이야말로 고유하고 신비한 삶의 목적을 이루는 길이라는 사실을 이야기하겠다.

바다거북처럼 우리 모두는 운명의 위대한 여행을 이끌어주는 항해 체계를 가지고 있다. 내면의 나침반은 바다거북의 항해 체계처럼 태어난 지 몇 분 만에 작동하지 않을 수도 있다. 사실 나침반은 그렇게 어릴 때부터 필요하지는 않다. 어미 바다거북은 알을 낳고서는 그냥 떠나버리지만 우리는 둥지를 벗어나기 전 수십 년 동안 부모의 사랑과 보살핌을 받으니 말이다. 하지만 나침반은 언제나 거기에 있다. 나침반은 우리와 함께 이 세상에 태어난다.

조금은 웃긴 이야기이지만, 나 또한 언제나 남달랐다고 생각한다. 한 번도 주류를 따라 다른 사람도 다 하는 일을 한 적이 없었다. 고교시절 내내 우등생이었지만 대학에 가지 않았다. 월급이나 주급을 주는 일반 회사에서 일한 적이 없다. 성인이 된 이후에는 줄곧 사업을 했다. 내가 아는 거의 모든 사람이 청중 앞에서 이야기하기를 꺼리지만, 나는 수천 명의 사람들 앞에서 강의하는 일이 좋다. 내가 세상에서 제일 좋아하는 장소는 세계에서 가장 큰 사막의 한

가운데이다. 이처럼 '남다른 존재되기'는 내 삶의 궤적을 만들고, 다른 그 무엇보다도 나를 내 운명의 방향으로 밀어준 나침반 바늘 방향이다. 이 방향으로 나아가기 위한 충동과 열정은 언제나 내 안에 존재해 있었다.

이 나침반은 내가 아주 어렸을 때부터 방향을 가리켜 보여주었다.

몇 년 전, 어머니에게 "어렸을 때의 나는 어땠나요?" 하고 물었더니 이 사진을 보내주셨다. 겨우 네 살 때부터 나는 이미 '남달라지라'는 내 안의 나침반이 가리키는 메시지를 받아들이고 있었다.

당신의 나침반 역시 당신이 어릴 때부터 중요한 신호를 보내고 있었다. 그 신호를 잡아내야 한다. 타고난 자신의 운명을 이해하는 일이 가장 중요하다. 우리는 자신만의 고유한 삶을 살기에 딱 맞는 특별한 재능, 성격, 흥미, 열정을 가지고 태어났다. 대부분의 사람들은 내면의 나침반이 자신을 어떤 방향으로 밀어주고 있다는 사실을 짧게 경험한다고 한다. 가끔은 그것에 매우 강렬히 사로잡힌 사람들도 있다. 그런 사람들은 자신의 인생이 나아갈 방향을 깨닫고 그곳으로 열정적인 발걸음을 내디딘다.

**우리의 나침반은
운명을 기억하도록
도와준다**

유태인들에게 전해 내려온 구전과 신화 중에서 이런 생각을 담은

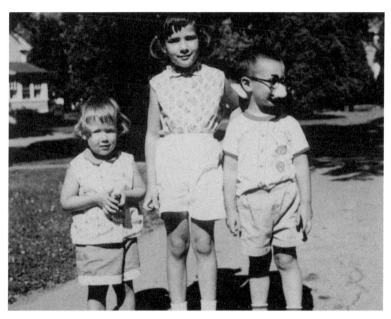

누나와 여동생과 함께 있는 네 살 때의 저자(오른쪽)

아름다운 이야기가 있다. 엄마 뱃속에서 막 잉태된 아기에게 천사가 찾아온다. 아기가 뱃속에 머무르는 9개월 동안 천사는 매일 찾아와 똑같은 내용의 이야기를 반복해 말해주었다. 아기가 태어났을 때 기다리고 있을 멋진 운명을, 어떤 재능을 갖게 되고 어떤 선물을 받을지, 이 세상에서 무언가를 이뤄내야 할 때나 어려움을 만날 때 극복할 수 있는 방법을, 그리고 고유한 자신만의 삶을 사는 동안 타고난 성격을 이용해 행복을 찾는 방법을 매일 일러주었다.

마침내 엄마의 자궁이 움츠러들기 시작하고 탄생의 순간이 시작되자, 천사는 마지막으로 아기에게 찾아왔다. 아기가 막 세상에 나가기 직전, 천사는 아기의 귀에 이렇게 속삭였다.

"이제 너는 내가 해준 모든 이야기를 잊어버릴 거야."

이 이야기와 비슷한 구전과 신화는 전 세계 여러 문화권, 수많은 나라에 존재하고 있다. 태어나기 전부터 자기 삶의 고유한 목적이 무엇인지 선택했거나 혹은 들었다는 주제도 똑같다. 태아였을 때부터 자신의 운명을 어떻게 개척하고 실현시켜 나갈지 배우지만, 세상에 나와서는 모든 것을 잊어버리게 된다는 내용이다. 이 망각은 인간의 속성 중 하나라고 할 수 있다. 그래서 우리는 처음부터 스스로 자신을 만들려 하고, 목적을 찾고, 그 목적을 실현하기 위해 도움이 될 정보들을 자기 안에 꾹꾹 눌러 담으려 한다. 하지만 이제부터는 당신이 누구이며, 무엇을 하려고 세상에 왔는지 기억하는 데 초점을 맞추자.

태어날 때 잊어버린 운명을 문자 그대로 기억해낼 수는 없다. 그래서 인생이란 기억과 재능, 열정을 품는 대상, 중요한 결정의 순간, 그리고 '나는 누구인가'에 대한 다른 여러 단서들을 끊임없이 맞추어 가는 과정이다. 그렇기에 자신이 아주 어렸을 때 어떤 모습이었는지 기억해야 한다. 그때부터 내면의 중심으로부터 받은 나침반 신호는 앞으로 살아가야 할 '올바른 삶'의 방향을 가늠할 수 있는 가장 순수한 단서이기 때문이다.

당신이 지니고 있는 내면의 나침반은 타고난 것임과 동시에 완전히 고유하다. 나침반이 당신에게 보내는 방향 신호는 다른 사람들이 받는 신호와는 다르다. 당신이 신호를 받아들이는 방법 역시 다른 사람들이 각자 자신의 신호를 받아들이는 방법과는 다를 것이다. 문제는 우리 자신의 나침반이 우리와 소통하는 고유한 방식을 이해하기가 다소 어렵다는 사실이다. 하지만 내면의 안내 시스템을 발견하고 따를 때 누구에게나 적용되는 몇 가지 공통점은 있다.

우리의 나침반은 어떻게 작동하는가

보통 나침반은 방향만 가리킨다. 동서남북은 우리가 도달해야 하는 목적지가 아니라 여행할 방향이다. 내면의 나침반 역시 똑같아서, 목적지를 알려주지 않고 단지 우리에게 방향 신호만 보낼 뿐이다. 결과와 예측 가능성을 지나치게 중요시하는 현대 사회에 살고 있는 우리에게 이런 유형의 방향 신호를 해석하는 일은 처음에는 어렵다. 우리는 정확하게 언제 목적지에 닿을 수 있는지, 목적지가 어디이며, 목적지에 닿으면 무엇을 얻을 수 있는지 알고 싶어 한다.

하지만 내면의 나침반은 두 가지 모호한 특성을 갖고 있다. 존재의 깊은 내면에 잠재된 운명이 우리에게 뭘 원하는지, 내면 중심으로부터 나침반이 받는 신호를 따라가면 어디에 다다르게 되는지를 정확히 알려주지 못한다. 그럼에도 불구하고 우리가 여행의 목적지나 심지어 여행의 동기를 알기보다는 방향에 집중하는 일이 더 가치 있는 현실적인 이유가 몇 가지 있다.

내면의 나침반은 실제 나침반과 마찬가지로 당신이 길을 잃은 순간에도 계속 움직인다. 잠시 그 점을 생각해보자. 젊은 시절 내가 사하라를 건너고 있을 때, 움직이는 사막의 모래 위에서 지도를 따르기란 불가능하다는 사실을 알게 되었다. 하지만 나침반은 내가 어디 있는지 갈피를 잡지 못하던 순간에도 계속 올바른 방향으로 움직이도록 도와주었다.

우리의 나침반은 세상의 지형이 발밑에서 계속 변하고 있는 듯한 격변의 시기에도 우리를 안내해 준다. 길을 잃고 방황하거나 교차로에 서서 어디로 가야 할지 모를 때, 나침반은 우리를 도와 나아갈 길을 찾아준다. 그러면 우리는 어디에 다다를지는 모르지만 적어도 올바른 방향으로 계속 나아갈 수는 있다.

하지만 나침반이 당신을 이끄는 곳에 대해 언급할 필요가 있다. 우리의 여행지가 비록 우리가 선택한 곳이 아닐지라도, 운명이 볼 때는 훨씬 더 좋은 '장소'인 경우가 있다. 그곳이 당신에게 훨씬 보람 있고, 의미 있고, 아름답거나 재미있기 때문이다. 혹은 우리가 여행을 계속하기 위해 알아야 하는 사항들을 일러주는 장소일 수도 있다. 다시 말해서 나침반은 우리가 선택하지 않았을지라도 정말 가야 하는 곳으로 우리를 이끈다. 이것은 신호의 근원, 즉 우리 존재 내면의 중심이 분명 우리의 자아ego(자기self의 세계보다 훨씬 작으며 의식과 분별의 세계-옮긴이)는 아니기 때문이다. 반면 어떤 특정 목표와 삶의 목적지를 고르는 것은 흔히 우리 자아이다.

베일에 싸인 목적지로 따라가는 것이 이치에 맞는 마지막 이유는, 우리가 여행하는 내면의 지역에서 무엇이 우리를 기다리는지 안다면 너무 두렵고 무서울 것이기 때문이다. 삶의 여정에서 가장 중요한 것은 미지의 영역을 여행한다는 사실이다. 이러한 미지의 여행은 인생 혹은 배움의 새로운 단계로 들어가는 관문이다. 또한 스스로 치유할 수 있도록 하고, 성장할 수 있게 하며, 우리가 가진 최대의 잠재력을 끌어내도록 돕는다.

지각 있고 자애로운 부모가 되는 끝없는 모험을 안내해주는 지도는 없다. 일을 그만두고 자기 사업을 시작하는 여행길에는 간단히 준비할 수 없는 두려움과 문제들이 여기저기 산재해 있다. 이처럼 아주 중요한 여행을 떠날 때, 우리는 흔히 미지의 지역 한가운데에서 이렇게 묻는다. "이걸 하려고 결정했을 때 대체 난 무슨 생각이었던 거지?" 하지만 당시 그 생각들은 올바른 길을 찾아나가는 과정에서 충분히 있을 수 있는 시행착오였다. 당신을 기다리는 것이 무엇인지 정확히 알았다면, 당신은 거기 그대로 머물러 있었을 것이다. 이처럼 삶을 바꾸는 운명의 여행으로 이끌고 그 속에서 당신을 안내하는 것은 내면의 나침반이다. 아무도 당신에게 지도를 줄수 없다. 하지만 그 나침반은 당신을 올바른 방향으로 이끌어준다.

나침반은 끌어당기는 힘과 자력도 갖고 있다. 당신은 무엇에 끌리는가? 어떤 일에 열정을 느끼는가? 무엇이 하고 싶은가? 무슨 일을 할 때 살아 있음을 느끼고 행복한가? 당신이 갈망하고 꿈꾸는 것들은 나침반이 당신에게 보내는 신호이다. 강박관념조차도 고쳐보면 미묘한 메시지를 놓친 당신으로부터 행동을 이끌어내려는, 더욱 강력해진 나침반의 신호일 수 있다.

마지막으로 나침반은 일관성이 있다. 나침반의 바늘은 항상 북쪽을 가리킨다. 우리 삶을 통틀어 어떤 주제와 패턴은 계속해서 나타난다. 우리는 우리를 안내하는 어떤 생각과 이미지로 계속 회귀한다. 계속되는 패턴이나 욕구의 상당수는 우리가 아주 어릴 때부터 나타난다. 때때로, 아마도 자주, 어떤 생각이나 꿈이 우리를 부르지만 결국 따르지 못한다면? 몇 년이 지나 그것은 다시 나타나지만 대부분은 그 부름을 또 다시 놓치고 만다. 다시 나타나는 패턴과 부름은 일관되고 끈질긴 나침반의 신호에 대한 증거이고 이 책은 당신이 그런 부름을 감지할 수 있도록 적극적으로 도울 것이다.

나침반은
지도가 아니다

때때로 어떤 것의 속성을 이해하기 위해서는 먼저 그것의 속성이 아닌 것을 헤아려야 한다. 나침반은 지도가 아니다. 목표달성을 위한 계획도 아니고 어떤 것을 완성시키는 시스템도 아니다. 많은 면에서 지도는 나침반과 반대이다. 지도는 모두 목적지와 관련이 있다. 올바른 방향이란 그저 당신을 목적지까지 데려다주는 것이다. 나침반은 미지에서 비롯되어 미지로 향하지만, 지도는 위험을 줄이고 감춰진 것을 최소화한다. 많은 사람들이 자신의 삶을 안내하고 탐험할 때 지도만 사용한다. 그들이 해온 모든 일은 특정 목표나 결과 달성에만 집중되어 있다. 그리고 정해진 목적지에 도착하기 위해 언제나 스스로 만들었거나 타인이 만들어 놓은 계획만 따른다.

자신의 나침반을 찾을 때 부딪치는 큰 어려움이 무엇인지 아는가? 지도 위의 경로를 따라야 한다는 생각에 지나치게 사로잡히고 특정 목표를 달성하는 데 집착한 나머지, 나침반 안내 시스템이 가르쳐주는 방향으로의 여행은 고사하고 이를 발견할 기회조차 얻지 못하는 것이다. 하지만 지도에 대해 더 잘 알게 되면 나침반을 통해 우리를 안내해주는 더욱 심오하고 신비한 힘을 놓치지 않고서 지도를 적절히 이용할 수 있다.

우리가 따르는 지도는 세 가지 종류로 구분할 수 있다. 첫째, 스스로 만드는 자기만의 지도이다. 대부분의 사람들은 스스로 학교나 직장으로 가는 경로를 계획한다. 컴퓨터 과학자가 되겠다고 마음먹은 학생은, 그 학문을 공부하기에 가장 적합한 대학과 연구법, 도움이 필요할 때 누구에게 물을지 선택하고 행동에 옮긴다. 우리는 목표를 달성하기 위해 시스템이나 계획을 만든다. 때로는 지도가 우리 마음속에 살아서 자동적으로 가동되기 때문에 스스로 지도를 만들었다는 사실을 잊어버릴 수도 있다. 하지만 모든 지도는 목표 혹은 목적지와 함께 시작되며 우리는 거기에 당도하기 위해 계획을 세운다.

두 번째는 다른 사람이 만든 지도이다. 최근 나는 아코디언 연주를 배우겠다고 결심했다. 목표를 갖게 된 것이다. 그 목표를 달성하기 위한 지도가 필요했지만 스스로 지도를 만들 수 없었다. 그래서 나는 이미 지도를 갖고 있는 숙련된 아코디언 강사를 찾았다.

우리는 때로 누군가가 만들어 놓은 지도를 따르면서 불행하다고 느낀다. 대부분의 경우 자신이 아닌 타인, 즉 부모님이 학습계획을 세웠을 것이다. 학생은 부모가 정해 놓은 특정 직업을 위한 공부 목표가 마음에 들지 않는다. 회사에서는 상사가 이미 마련해 놓은 업무 매뉴얼이 있지만 우리는 더 나은 방법이 있다고 생각한다. 하지만 존경의 마음에서, 혹은 우리 마음에 들지 않아도 부모나 상사가 최고의 방법을 알고 있으리라 믿기 때문에 그 지도를 따른다.

세 번째는 문화 지도이다. 우리가 구성원으로 속해 있는 어떤 조직, 즉 나라나 가족, 기업 혹은 우리의 일터, 클럽, 학교, 친구들 그룹, 팀, 종교, 군대에는 고유의 문화가 있다. 모든 문화에는 구성원의 활동을 통제하기 위한 일련의 규칙이 존재한다. 흔히 이 규칙들은 명문화되지 않은 경우가 많다. 관습이나 전통으로 불리는 이 규칙들은 문화의 울타리 내에서 함께 생활하고 일하는 사람들 사이의 상호작용에 관한 지도이다. 당신이 특정 문화의 새로운 구성원이 되어 생활하면 규칙을 쉽게 알 수 있다. 캐나다나 미국에 영어를 배우러 간다면 북미 가족들과 함께 생활해보라. 문화 지도의 차이를 잘 알게 될 것이다.

지도를 만들고 이를 따르는 일은 인간으로 살아가는 데 아주 중요하다. 뇌는 능숙하게 지도를 만들어낸다. 뇌는 우리의 생존과 목표달성에 도움이 되도록 능숙하게 패턴을 인식하고 신경망을 구축한다. 이는 분명히 지도의 중요한 장점이다. 그러나 지도가 제공하는 결과와 안정성을 너무 과장하면 희생이 따른다. 내면의 나침반이 전달해주는, 아직 알 수 없어도 우리 운명에 꼭 필수적인 단서들을 잃을 수 있기 때문이다.

당신이 따라온 모든 지도의 목록을 만든 다음 그 지도를 평가하라. 전혀 장담할 수 없었던 것들까지 포함하여 모든 목표를 이뤄내면 행복할까? 마지막으로 가장 중요한 질문을 자신에게 던져보라.

"이것이 인생이라는 것의 전부인가? 지도를 따라 내가 선택했거나 혹은 남이 나를 위해 선택해준 목적지에 도달하는 것이 진정한 인생의 목적인가?"

당신이 마지막 두 질문에 "그렇다"고 대답했다면 더는 이 책을 읽을 필요가 없다. 당신의 지도가 당신을 목적지로 잘 데려가고 있는지 확인만 하면 된다. 당신의 지도가 목적지로 데려다주지 않는 날, 목적지에 도착했는데도 전혀 행복해지지 않는 날이 온다면 다시 돌아와 이 책을 끝까지 읽으라!

목표를 갖고 그것을 이루기 위해 열심히 노력하는 일은 훌륭하다. 하지만 지도에 관한 몇 가지 문제점이 있다. 무엇보다도 지도는 창의력을 감소시킨다. 늘 지도만 따라가려는 사람은 새롭고 창의적인, 더 나은 방법을 찾으려 하지 않는다. 목표로 향하다가 장애물을 만나면 그 문제를 해결하려 노력한 후 다시 '원래 경로'로 되돌아간다. 목표와 지도의 문제점은, 길을 정형화시키는 것이다. 연구에 따르면 우리의 뇌는 스스로 조직하는 시스템으로서, 새로운 발상을 얻고 새로운 기회를 찾으며, 우리가 좇던 목표보다 더 보람된 것을 경험하려는 능력을 제한하는 신경망이나 경로를 만든다.

이렇게 창의력이 감소되고 선택권에 제한을 받다 보면 지도가 제 역할을 하지 못할 때 크게 좌절할 수 있다. 자신이 따르던 지도가 사라졌을 때 당황하고 절망해 미래를 찾지 못하는 사람들의 사례는 무수히 많다. 나아갈 길이 보이지 않는 상황에 닥치면 다른 길을 찾으려 노력하기보다는 무기력하게 절망하고 슬퍼하며, 심한 경우에는 스스로 생을 마감하기도 한다. 만약 당신이 따르던 지도가 쓸모없어지거나 미래가 없을까 두려워 이 책을 읽고 있다면, 부디 희망을 버리지 말기 바란다. 역설적이지만 당신은 그 어느 때보다 큰 희망을 가지고 있다. 이제 나침반을 찾아 그것이 보여주는 방향을 따를 기회를 얻었기 때문이다. 두렵겠지만 지도를 잃거나, 지도가 더는 쓸모없거나, 어떤 미래도 보여주지 않는다는 사실을 깨닫는 경험은 당신 인생의 가장 큰 전환점이 될 수 있다.

지도는 필수요소이고 우리에게는 지도가 필요하다. 하지만 그보다 먼저 마음속의 안내 체계에 더 집중해야만 한다. 불타는 핵의 깊은 곳에 있는 지혜에 접근해 그것이 우리에게 무엇을 가리키는지 알아내야 한다. 그러면 새롭게 자리 잡은 유리한 위치에서 모든 지도를 평가할 수 있다. 우리가 열망하는 특정한 목표가 우리를 인생의 진정한 방향에 가깝게 하는지 아니면 멀리 가게 하는지 물을 수 있다. 내면의 나침반이 가리키는 방향에 맞춰 새로운 목표들을 만들 수 있다.

어느 대학에서 강연을 했을 때의 일이다. 발표가 끝난 후 한 학생이 손을 들고 이렇게 질문했다. "당신의 방법은 확실합니까?" 그는 지금까지 자신의 인생을 찾고 방향을 잡는 데 사용했던 체계로부터 벗어나 변화를 꾀하려 하는 듯 보였다. 그리고 나의 제안을 행동에 옮기면 직장을 잡고, 좋아하는 일을 하고, 행복해질 수 있다는 사실을 보장받고 싶어 했다.

하지만 이것은 옳은 방법이 아니다. 오롯이 당신만을 위한 진짜 지도가 아니기 때문이다. 지도를 중시하는 마음을 줄이고 존재 중심의 깊은 지혜에 믿음을 주는 태도로 바뀌어야 한다. 당신의 나침반은 당신의 주의를 끌기 위해 노력한다. 한번 주의를 끌면 나침반은 우리가 전혀 예상할 수 없거나 방법론으로는 설명할 수 없었던 독특한 방식으로 우리를 이끈다.

나는 확신한다. 만약 당신이 나침반을 찾고 따른다면 지금 상상하는 인생과는 매우 다른 인생을 살게 된다는 것을. 우리 자신의 '시스템'에 맡기면 예측 가능한 삶을 산다. 하지만 나침반을 따르면 더 쉽진 않겠지만 더 의미 있는 삶을 살게 된다. 나는 결국 그것이 진정으로 행복한 인생이라고 믿는다. 올바른 방향으로 여행하면 충만한 잠재력을 가진 존재로 성장하고 자신에게 최선의 기여를 하게 된다. 나침반을 따르면 최적의 시기에 최고의 사람들을 만날 것이고 자신에게 딱 맞는 도전과 기회를 부여받을 것이다.

당신 안에 숨어 있는 깊은 힘을 해석하고 이해하고 감지하고 느끼며 따르도록 돕는 그 무엇도 모두 당신의 나침반이다. 이 책은 당신이 그것을 할 수 있도록 돕는 오직 여섯 가지 방법을 제시할 것이다. 단 여섯 가지이다. 물론 십억 개까지는 아니어도 수백만 가지 방법이 있을 수 있다. 이 여섯 가지 방법에만 갇혀서 연연할 필요는 없다. 나는 내게 가장 잘 맞았던 방법들을 당신과 나누려 한다. 이 여섯 가지 방법을 모두 따르지 않아도 좋다. 단 한 가지만 따라도 그것이 당신에게 필요한 전부일 수 있다.

방법의 순서는 중요하지 않다. 이 책을 처음부터 끝까지 순서대로 읽으면 이해가 더욱 쉽겠지만, 이 방법을 사용하는 데 순서가 필요한 것은 아니다. 책을 읽고 난 후 가장 좋은 타이밍일 때, 자신에게 가장 잘 맞을 것 같고 최고라고 생각되는 방법을 사용하라.

당신의 인생 여행에 행운이 깃들기를!

1

올리브각시바다거북 Olive Ridley 은 일곱 종류의 바다거북 중에서 그 개체 수가 가장 많은 거북이다. 몸집도 제일 작은 편에 속해서, 다 자랐을 때의 몸무게가 36킬로그램에서 43킬로그램 정도이다. 올리 브바다거북이 번식하는 모습은 지구상에 있는 어느 동물보다 장관 을 연출해내기로 유명하다. 수만 마리에서 때로는 수십만 마리나 되는 암컷 올리브각시바다거북들은 알을 낳기 위해 열대지방의 해 안가로 모여든다. 그들은 바닷물에서 기어 나와, 모래밭을 한 뼘이 라도 더 차지하려 경쟁하면서 떼를 지어 모여든다. 중앙아메리카로 건너온 초기 스페인 탐험가들은 이 경이로운 자연의 광경을 보고 스페인어로 도착을 의미하는 '아리바다 arribada '라고 이름 붙였다.

올리브각시바다거북의 둥지는 약 32개국에 걸쳐 분포하지만, 대 규모 기업형 어업과 각 지방의 거북 알 밀렵행위 때문에 아리바다가 일어나는 장소가 급격히 줄어들었다. 그러나 멕시코, 코스타리카, 인도의 일부 해변에서는 여전히 이 환상적인 장관을 볼 수 있다.

과학자들은 올리브각시바다거북과 그 사촌뻘인 켐프각시바다거북 Kemp's Ridley이 왜 이토록 장관을 이루는 산란 습성을 발전시켜 왔는지 정확히 알지 못한다. 아마도 그 답은 알을 낳은 지 두 달 후에 바다거북이 부화하는 장엄한 순간을 보면 짐작할 수 있을 것이다. 모든 둥지에서 알들이 부화하면 길이 1.5킬로미터의 해안을 따라 자그마치 500만 마리의 새끼거북들이 일제히 모래 위로 올라와 바다 쪽으로 재빨리 기어간다. 그 어마어마한 숫자는 포식자들을 압도하고 혼란에 빠뜨려, 이제 막 땅 위로 올라온 새끼들이 둥지에서 바다로 이어지는 짧지만 위험한 여정에서 최대한 많이 생존하도록 해준다. 그들이 가질 수 있는 이점을 최대한 활용하는 것이다. 둥지를 떠나는 일은 바다거북의 생애에서 가장 어렵고 위험한 일이다.

바다거북 둥지에서는 평균적으로 100여 개의 알이 동시에 부화한다. 갓 태어난 새끼는 앞으로의 여정에 필요한 열량을 충분히 섭취하기 위해, 알에 남아 있는 양분인 노른자를 빨아들이며 둥지에서 2~3일 더 머문다. 그들은 자신이 바닷가 표면 아래로 25센티미터에서 90센티미터 되는 지점에 묻혀 있다는 사실을 깨닫는다. 모래로 된 요람을 헤집고 밖으로 나오는 데는 최대 48시간이 소요된다. 새끼들이 알껍데기에서 기어 나올 때 빈 공간 안으로 모래가 흘러들면서 그들의 몸을 뒤덮는다. 새끼거북은 두 앞발로 길을 헤치며 지표면을 향해 나아가기 시작한다.

　모래 틈을 헤집고 통로를 내기란 어려운 일이기 때문에, 새끼거북 형제들은 모래가 이들 위로 무너져 내려 몇 센티미터라도 딛고 올라갈 수 있는 새로운 층이 형성될 때마다 무리를 지어 천천히 위로 움직인다. 그들이 함께 지표면에 도착하면 바다를 향해 맹렬히 질주하는 위대한 여정이 펼쳐진다.

　이후 새끼거북들이 5미터나 10미터를 이동하는 시기는 그들 생애에서 가장 위험한 순간이다. 달랑게ghost crab는 얕은 구멍에서 달려들 준비를 갖추고 있다가 낌새를 채지 못한 새끼거북을 하나씩 차례대로 잡아들인다. 개, 너구리, 코요테, 야생 돼지들도 예민한 후각으로 알들이 부화할 때 몰려들어 해변 여기저기를 헤집어 놓는다. 새끼거북에게는 작은 잔가지 하나도 바닷물로 가는 여정을 가로막는 걸림돌이다. 물에 떠밀려온 통나무는 거북이 결코 넘지 못하는 거대한 장애물이 되기도 한다. 잠시라도 지체하면 포식자에 대한 공포와 피로감으로 생존의 위협이 더욱 커진다. 새끼거북들은 둥지를 빠져나오는 데 너무 많은 힘을 쏟기 때문에, 땅 위로 올라왔을 무렵에는 체질량의 20퍼센트를 잃는다. 곧장 수분을 섭취해야 하며 그러지 못하면 탈수 증상으로 죽기도 한다. 어쩌면 다른 무엇보다 그들의 갈증이 바다 속 운명을 향해 그들을 끌어당기는 것인지도 모른다.

　바다거북은 둥지 없이는 살아남지 못한다. 둥지는 그들이 자라나고 강해지며 삶의 위대한 여정을 준비하는 장소이다. 그러나 알껍데기를 부수고 땅 위로 올라올 시기를 놓칠 정도로 둥지에 너무 오래 머무르면 새끼거북은 죽고 만다. 거북은 둥지에 영원히 머무를 수 없다. 둥지를 떠나지 않으면 살아남지 못할 뿐더러 결코 자신의 나침반을 따라갈 수도 없다.

우리에게도 둥지가 있다. 둥지는 우리가 자라는 동안 보호해 주고 돌봐주는 장소이자 집단, 이념 혹은 관계이다. 가족, 직업, 학교, 인간관계, 신념체계, 직업상 진로, 국가, 종교, 동아리, 친목회 등이 그러하다. 둥지는 우리의 생존에 꼭 필요한 요소이다. 삶의 위대한 여정을 준비하려면 부모의 사랑과 관심이 필요하다. 직장을 얻으려면 학교에 가서 재능을 발전시키고 지성을 연마해야 한다. 친구를 비롯한 사회적 인간관계는 정신적으로 튼튼한 버팀목이 되어주는, 없어서는 안 되는 둥지이다.

그러나 때때로 자신의 나침반을 따르고 운명을 발견하려면 그 둥지를 떠나야만 한다. 친숙하고 중요하게 여겼던 관계, 생각, 신념에서 벗어나지 않으면 나침반은 결코 작동하지도, 우리를 이끌어주지도 않는다. 우리를 기다리는 여정은 둥지를 떠나고 나서야 비로소 시작된다. 지금까지 자신을 돌봐주었거나 중요한 안전장치를 제공해왔던 그 무엇을 떠나야만 한다. 이는 정말 힘든 일이다. 어떤 종류의 둥지든 그곳을 떠난다는 건 심리적으로, 알에서 막 깨어난 새끼거북이 바다를 향해 떠나는 것만큼이나 위험하고 어렵다.

다행스럽게도, 거북이 알을 낳으러 되돌아오듯 우리도 가끔은 떠나왔던 곳으로 귀환할 수 있다. 하지만 변화된 모습으로 돌아와야만 한다. 인생이라는 바다에 나가 있는 동안 우리는 여러 가지 일을 겪는다. 나침반을 따라가면서 우리는 바뀌고, 예전과는 달라진 모습으로 둥지 혹은 고향으로 귀환한다. 또 하나 다행인 것은, 떠난다고 하여 말 그대로 직접 경험할 필요는 없다는 점이다. 사람이 둥지를 떠나는 일은 정신적인 차원에서 일어나야 하며, 때로는 물리적으로 다른 곳에 가지 않아도 성취할 수 있다.

의심할 여지없이, 자신의 나침반을 좇아 운명을 발견하려면 인생의 어느 시점에서는 둥지를 떠나야만 한다. 아마 여러 가지 둥지를 떠나야 할 것이다. 어떤 둥지는 지금까지 자라온 가정이나 직업상 진로처럼 중요도가 매우 높다. 반면 습관이나 신념, 특정 상황에 반응하고 대응하는 태도나 행동방식처럼 덜 중요한 둥지도 있다. 절대로 되돌아가지 않을 둥지가 있는 반면, 어떤 둥지는 귀환하는 데 수십 년이 걸리지만 돌아가야만 한다. 나침반을 따라 어디로 가야 할지 확인하고 어떤 식으로든 변화해서 돌아오는 데 하루도 채 걸리지 않는 둥지도 있다.

내 딸 클로이는 어렸을 때 말에 흠뻑 빠져 있었다. 딸아이는 매일 몇 시간이고 거실 바닥에서 장난감 조랑말을 타고 놀았다. 여덟 살이 되었을 때 클로이는 처음으로 진짜 말을 타게 되었다. 승마 강사가 장난감 목마가 아닌 커다란 진짜 말에 내 딸을 앉히자 불안해 죽을 것 같았다. 하지만 클로이는 무척 기뻐하며 미소 띤 얼굴로 고삐를 손에 쥐더니, 마치 타고난 기수처럼 말을 걷어차며 출발했다.

사춘기에 접어든 클로이는 곧 서핑에 커다란 흥미를 갖기 시작했다. 아이는 서핑 관련 잡지를 사서 마음에 드는 사진을 모아 벽에 붙였다. 곧 방의 모든 벽은 거대하게 밀려오는 짙푸른 파도를 타는 사람들 사진으로 도배되었다. 클로이는 그때까지 한 번도 서핑을 경험한 적이 없었다. 클로이가 열여섯 살 때, 나는 강연 차 남부 캘리포니아로 가면서 아이를 데리고 갔다. 그리고 곧장 해변을 찾았다. 파도를 타는 서퍼를 클로이는 그때 처음 보았다. 아이의 함박웃음을 보면서 나는 그녀가 처음 말안장에 올라탔던 순간을 떠올렸다

캐나다 사람들 중 학사학위를 취득하는 사람은 45퍼센트 정도이지만, 성적이 우수한 고등학생들은 대부분 대학에 진학해 중등 과정 이후의 교육을 이어간다. 클로이가 고등학교 시절의 마지막 해를 보내는 동안, 어느 대학에 지원할 것이며 등록금은 어떻게 마련할지 서로 의논했다. 나는 딸아이가 학업 진로를 선택하도록 놔두는 것이 최선이라 생각했다. 하지만 클로이는 자신이 어떤 분야에 흥미가 있고 재능이 있는지 전혀 알지 못했다. 그래도 나는 그 점을 염려하지 않았다. 클로이의 나침반이 작동하고 있는 것을 볼 수 있었기 때문이다. 승마나 서핑처럼 좋아하는 일을 하도록 자신을 끌어당기는 힘을 느낄 수 있는 아이니까, 결국은 특정 과목에 대한 이

끌림을 느끼게 될 거라고 생각했다. 나는 클로이에게 우선 일반 과목을 폭넓게 선택해보라고 제안했다.

한편 클로이는 어떤 학교에 입학하고 싶은지에 대해서는 확고한 생각을 갖고 있었다. 가장 가고 싶은 곳은 몬트리올의 한 대학이었다. 두 번째는 토론토 대학, 세 번째로 선택한 학교는 노바스코샤 주 핼리팩스에 있는 곳이었다. 셋 다 좋은 학교였다. 그러나 클로이가 선택한 대학들의 공통점을 발견했다. 빅토리아에 있는 우리 집에서 학교까지의 거리는 각각 3,727킬로미터, 3,387킬로미터, 그리고 놀랍게도 무려 4,476킬로미터였다!

진로와 학업에 확신을 갖지 못하는 것은 충분히 있을 수 있는 일이다. 하지만 단순히 부모와 멀리 떨어지기 위해 대학을 다니는 건 둥지를 떠나는 방법치고 너무 비싼 대가를 치르는 일 아닌가. 나는 클로이에게 일 년간 쉬면서 여행한 후에 대학 생활을 하는 것을 제안했다. 그녀는 기다렸다는 듯 내 제안을 덥석 받아들였다. 곧바로 대학 생활을 시작하지 않아도 된다는 사실에 크게 안도하는 눈치였다. 클로이는 여행을 떠날 생각에 마음이 들떠 계획을 짜기 시작했다. 더 많은 돈을 모으려고 아르바이트도 두 개나 했다. 저축한 돈의 일부는 대학을 다니기 위한 학비였고 다른 일부는 여행 경비였다.

졸업식 날, 식장에 모인 2,000여 명의 부모와 가족들은 졸업생들이 무대 위의 객석으로 행진해 들어와 자리에 앉는 모습을 지켜보았다. 아이들은 졸업 이후 계획을 적어서 이미 교사에게 제출한 상태였다. 졸업생이 한 명씩 무대를 가로질러 나오면, 교사는 마이크에 대고 해당 학생의 미래 계획을 읽어주면서 졸업장을 수여했다. 클로이의 이름이 호명되었다. 학사모를 쓰고 졸업가운을 입은 딸아이가 무대를 가로질러 당당히 걸어 나왔고 나는 사진을 찍어댔다. 클로이는 행복하고 신난 모습이었다. 미래의 모험이 그녀를 기다리고 있었다. 교사는 클로이의 계획을 읽어주었다. "클로이는 대학에 들어가기 전 일 년 정도 쉬면서 호주와 아시아 지역을 여행하고 서핑을 하고 싶다는군요." 그런데 거기서 끝나지 않았다. 뒤이어 세 글자로 된 간단한 단어, "그리고"가 이어졌다.

시간이 잠시 멈춘 듯 장내는 무척 조용했다. '그리고 또 뭐지?' 나는 속으로 물었다. '클로이는 호주에 갈 거야. 아시아에도 갈 거고. 서핑도 배우겠지. 그런데 또 뭐가 있다는 거야?' 교사는 말을 이었다. "그리고 백마 탄 왕자님을 만나겠답니다."

놀라 입이 떡 벌어진 나는 할 말도 잃고 무대만 멀뚱멀뚱 쳐다보았다. 일생일대의 사랑이나 첫사랑을 만나고 싶다는데 뭐가 문제인가? 그런 생각을 한 번도 하지 않은 젊은이가 어디 있겠는가? 문제는 기념비적인 날 2,000명의 사람들에게 그 생각을 알렸다는 점이다. 마치 클로이가 자신의 운명을 만천하에 드러내는 것 같았다.

클로이는 가장 친한 친구 티코와 1월에 여행을 떠났다. 아이들은 9월 신학기를 준비하기 위해 6월에 돌아올 계획이었다. 나는 이따금 그들의 즐거운 모험이 가득한 이메일을 받았다. 클로이와 티코는 스카이다이빙을 하러 뉴질랜드에 갔다. 태국 어느 해변의 젊은 배낭여행객을 위한 보름달 축제에서 밤새도록 춤을 추기도 했다. 그리고 호주에서는 본격적으로 서핑을 배웠다. 분명 아이들은 잘생긴 청년들을 수도 없이 만났을 것이다. 나는 확신했다. 그러나 클로이는 백마 탄 왕자님 이야기는 단 한마디도 꺼내지 않았다.

6월에 나는 클로이에게서 이메일 한통을 받았다. 원래대로라면 집으로 돌아와야 할 시기였다. 티코는 마지못해 캐나다로 돌아오고 있었다. 티코의 부모는 계획대로 티코가 학업을 이어가길 고집했고 이미 빅토리아 대학에 등록을 마친 상태였다. 하지만 클로이는 호주에 더 머물고 싶어 했다. 여행과 서핑을 계속하기 위해 등록금으로 모아두었던 돈을 사용하길 원했다. 그리고 추측하건대 자신의 왕자님을 찾는 일을 그만두고 싶지 않았던 모양이다.

나는 부모가 되고 난 뒤, 아이가 자신의 인생을 스스로 책임지겠다고 공식적으로 선언하는 순간이 오리라는 사실을 전혀 예상하지 못하고 있었다. 하지만 클로이는 그렇게 둥지를 떠났다. 물론 클로이가 어려움에 처하면 나는 당연히 그녀를 도울 것이다. 하지만 클로이가 자유롭고 분명하게 자신의 나침반을 따르고 있다는 사실은 의심할 여지가 없었다. 나는 답장을 써서 "이제 너는 어른이고 인생은 너 자신만의 것"이라고 말해주었다. 당연히 모아둔 학비를 원하는 용도로 사용할 수 있었다. 그리고 클로이에게 사랑한다고 말했다. 한편으로 딸아이가 자랑스러웠지만 동시에 걱정이 되기도 했다. 언제 다시 볼 수 있을지 궁금하기도 하고 그립기도 했다. 하지만 아이가 언젠가는 돌아오리란 것을 알고 있었다.

그리고 그때는 아이가 달라져 있으리란 사실도 알았다.

밀고 당기는 힘을 따라 둥지 밖으로 나가라

거북은 둥지가 좁게 느껴질 만큼 자라나면 그곳을 떠난다. 말 그대로 몸집이 커지면서 둥지 밖으로 밀려나, 땅 위로 나아가는 수밖에 없기 때문이다. 일단 거북이 땅 위로 올라오면 여러 가지 감각적인 단서들이 그들을 바다 쪽으로 끌어당긴다. 미는 힘과 당기는 힘을 느끼며 거북은 자신이 아는 유일한 집을 떠날 수 있게 된다.

우리가 둥지를 떠날 때도 그와 비슷한 힘이 나침반과 운명으로 이루어진 거대한 수수께끼를 향하도록 우리를 움직인다. 둥지에서 떠밀리는 느낌을 받는 까닭은 그곳이 더는 우리에게 맞지 않기 때문이다. 갇혀 있는 듯 꼼짝할 수 없고 숨이 막혀 온다. 자신의 나침반과 단절된 느낌 때문에 밖으로 내몰리는 기분이 들 것이다. 새로운 여정에 흥미가 생길 수도 있다. 나침반을 향해 끌리는 걸 느끼고, 나침반을 발견한 뒤 둥지 밖에서 기다리는 모험에 흥분을 느끼기도 한다.

막대자석의 양극을 생각해보자. 한쪽은 끌고 잡아당기는 힘을,

다른 한쪽은 밀어내고 반발하는 힘을 갖고 있다. 둥지를 떠날 때가 되면 우리의 나침반은 그중 한쪽 또는 양쪽 힘 모두를 발휘한다. 클로이는 끌어당기는 힘, 즉 서핑이나 왕자님을 만나겠다는 간절한 꿈처럼 자신이 열중해 있는 무언가로부터 자기력을 느꼈던 게 틀림 없다. 이러한 힘은 클로이가 둥지를 떠날 때까지 그녀의 마음을 아주 세게 끌어당겼다. 그녀가 캐나다에 머물면서 곧바로 대학에 들어갔더라면, 학교생활을 즐기지 못했거나 지속할 수 없었으리라 확신한다. 자신을 부르는 무언가를 따라가지 못하는 상황에 불만을 느끼면서 결국 둥지 밖으로 내몰렸을 것이다.

이 밀고 끌어당기는 두 가지 힘이 사람을 둥지에서 떠나게 만드는 가장 일반적인 동기이다. 밀거나 당기는 힘을 강하게 느낀다면, 그건 바로 둥지를 떠나야 한다는 신호이다. 이 신호가 반드시 지금이 떠나기에 알맞은 시기라든가 당신이 떠날 준비가 되었다는 걸의미하진 않는다. 그러나 떠나고자 하는 욕구나 열망을 인지했다는 사실이 중요하다. 이러한 욕구나 충동은 밀든지 잡아당기든지 불쑥나타나 우리를 깜짝 놀라게 한다. 하지만 그것은 내면 깊숙이 자리한 우리 자신의 중심에서 발생한 힘이다. 사람은 운명을 향해 끌려가거나 떠밀려간다. 그 여정이 지닌 가능성에 매료되거나 둥지에머무는 게 지겨워진다. 그리고 미는 힘과 당기는 힘은 종종 동시에나타나기도 한다.

나침반이 보내는 이러한 신호를 따라가는 일이 때로 어려운 이유는, 그 신호가 정확히 우리를 어디로 데려가는지 알 수 없는데다 둥지를 떠나는 것이 위험해보이고 두렵기 때문이다. 하지만 둥지에 머물러도 위험은 없어지지 않고 존재한다. 둥지를 떠나지 않은 거북은 결국 그 자리에서 죽고 만다. 떠나야 할 시기가 됐는데도 둥지에 남아 있다면, 삶의 진정한 행로를 놓치는 크나큰 손실을 입는다.

나침반 바늘이 강하게 밀고 끌어당기는 힘은 우리를 둥지 밖으로 내몰아 운명을 향해 움직이도록 하는 가장 일반적인 에너지이다. 그러나 두 가지 동기를 더 살펴보자. 가장 먼저, 둥지가 사라져버리면? 일례로 어느 날 출근했는데 당신의 책상이 없어져 있다면? 특별히 잘못한 일이 없는데도 예기치 못한 사건이 일어나 갑자기 둥지 밖으로 내몰릴 수 있다.

젊은 시절 댄스 강사로 일할 때 나는 이를 경험했다. 나는 1970년대 말 디스코를 가르치는 일에 모든 열정을 쏟았다. 하지만 디스코는 잠깐 동안 선풍적인 인기를 끌다가 어느 날 갑자기 배우고 싶은 사람이 캐나다에 단 한 명도 남지 않을 만큼 순식간에 인기를 잃고 말았다. 하룻밤 사이에 나는 일자리와 수입을 잃었다. 나의 둥지가 사라져버린 것이다.

아무 예고도 없이 둥지를 잃었을 때, 우리는 준비되어 않은 상황에서 큰 충격을 받는다. 그러나 어떤 면에서 보면, 예전에 불가능했던 일을 할 수 있는 기회를 얻은 셈이다. 둥지는 수많은 지도상의 한 지점이다. 그러므로 둥지가 사라지면, 나침반을 발견하고 따라가는 일에 방해가 되었던 지도로부터 자유로워질 수 있다. 이제야 정말로 원하는 일이 무엇이냐고 자신에게 물을 수 있다. 이 책에 나온 다른 다섯 가지 방법을 사용한다면, 자신의 나침반을 발견하여 마음속 깊은 곳의 운명이 가리키는 방향을 따라갈 수 있을 것이다. 둥지가 사라졌을 때 중요한 것은 자신의 참된 모습에 근접한 삶의 방식, 즉 꿈이나 소망을 향해 자신을 끌어당기는 힘을 느끼는 것이다.

두 번째로, 둥지에 꼼짝 못하고 갇혀버려 그곳이 거의 감옥처럼 되는 경우가 있다. 밀고 끌어당기는 운명의 힘에 우리가 반응하지 못할 때 그렇게 된다. 어떤 이유에서든 삶의 목표와 열망에 초점을 맞추고 자유롭게 살아갈 선천적인 욕구와 기회를 무시하며 지내왔던 것이다. 이런 상황에서는 가능하면 어떤 식으로든 둥지를 떠나야 한다. 욕구와 기회를 무시해왔기 때문에 그러한 것들에 반응하는 능력이 감퇴되어, 당신을 자극하는 어떠한 밀고 당기는 힘도 느끼지 못할 수 있다. 따라서 자신을 가두었던 둥지로부터 정신적으로 분리되어야 한다. 일단 성공적으로 둥지를 벗어나면 나침반이 보내는 신호를 감지하고 그것에 반응하는 능력을 되찾을 수 있다.

정신적으로 둥지를 떠나라

스피릿은 누나 클로이와 마찬가지로 고등학교를 졸업한 후 몇 달

동안 여행을 하기로 결심했다. 아들은 태국에서 배낭여행객 파티를 즐기고, 라오스의 거친 강에서 래프팅도 해보고, 호주에서는 파도 타는 방법을 배웠다. 캐나다로 돌아와서 대학에 입학했으며 예전처럼 나와 함께 살고 있다. 무엇보다도 스피릿이 바로 이곳 빅토리아에서 자신의 이상형을 찾는 일에 아주 만족하는 것 같아 기쁘다. 하지만 그 역시 집을 떠나 있는 동안 변화를 겪었다. 변화된 모습으로 돌아온 스피릿 덕분에 자연스럽게 우리 집에도 약간의 변화가 생겼다.

나는 최근 방 몇 개를 학생들에게 세놓기로 결심했다. 대학교 졸업반인 여학생 세 명이 현재 일층에 살고 있다. 스피릿은 위층 침실을 포기하고 지하실에서 지낸다. 뒷마당으로 이어지는 별도의 출입문이 달린 커다란 방이다. 나는 맨 꼭대기 층에서 산다. 스피릿과 함께 시간을 보낼 구실을 마련하기 위해 신형 와이드 스크린 HD 텔레비전만은 위층에 놓겠다고 고집했지만 아들을 볼 기회는 예전만 못하다. 스피릿은 위층에 있다가도 마음 내킬 때마다 내려간다. 그는 여전히 둥지에 있지만 정신적으로는 둥지를 떠났다.

새끼거북은 매우 **빠른** 속도로 자신이 태어난 모래사장과 자신 사이에 어마어마한 거리를 둔다. 내 딸아이에게 둥지를 떠난다는 개념은 집에서 12,000킬로미터 떨어진 곳에 사는 것이었다. 그러나 아들은 단지 나와 수직으로 4~5미터 남짓 거리를 둔 공간에 있는 것으로 만족하는 듯 보인다.

새끼거북이 바다에서의 위대한 여정을 시작하려면 물리적으로 둥지를 떠나야만 한다. 하지만 사람에게 있어 둥지를 떠나는 데 정말 중요한 것은 물리적 분리라기보다는 정신적 분리이다. 정신적으로 독립하기 위해 지리적 이동이 필요할 때도 있다. 하지만 단지 거리가 멀어진다고 하여 정신적으로 둥지를 떠나 자신의 나침반을 찾으리란 보장은 없다. 사람들은 부모와 지구 반대편에 떨어져 살면서도 여전히 다른 누군가 정해 놓은 가족이라는 지도를 따라 살기도 한다. 그러나 떠날 시기가 됐을 때 정신적으로 둥지를 제대로 떠날 수만 있다면 학교를 마칠 때까지 혹은 평생 동안 부모와 함께 살면서도 내면의 목소리를 좇아 자신의 여정에 전념할 수 있다.

살아가면서 정신적으로 둥지를 떠나는 일이 불가능하거나 심지어 불필요할 때도 있다. 무슨 이유에서인지 둥지에 머물러야 한다고 생각하는 동시에 떠나고 싶은 마음이 들기도 한다. 새끼거북이 여정을 떠나기 전 노른자의 영양분을 섭취하듯, 우리는 여전히 둥지의 지원과 돌봄을 원하면서도 둥지를 떠나 나침반을 따르는 자유를 갈망한다. 그러나 현재의 환경, 관계, 상황에 물리적으로 머무르면서도 정신적으로 독립하거나 둥지를 떠나는 일은 얼마든지 가능하다.

전 세계 여러 전통 문화에는 유년기가 끝나고 성년기가 시작되었음을 기념하는 매우 분명한 의식들이 있다. 일부 아프리카 부족의 사춘기 소년들은 친척을 비롯한 부족 남자들에게 '납치'를 당해 어머니와 분리된다. 성인기에 접어든 소년들은 마을에서 멀리 있는 황량한 장소에서 남자들과 함께 지낸다. 그러다 마을로 다시 돌아오면 더는 어머니와 함께 살지 않는다. 그때부터는 지금껏 유일하게 집이라고 생각했던 오두막에서 불과 몇 미터 떨어진 곳에 위치한 남자 숙소에서 생활한다. 이들은 어머니가 있는 오두막을 떠날 때보다 단지 몇 주 더 자라났을 뿐이지만 정신적으로는 엄청난 거리를 이동했다. 둥지를 떠난 것이다.

그러므로 둥지를 떠나야 한다는 확신이 든다면, 정신적인 독립을 달성하기 위해 무엇이 필요한지 생각하라. 하나의 상징적인 의식만으로 원하는 만큼 둥지에서 벗어날 수 있다. 혹은 일상적인 의식을 통해서도 그와 같은 독립을 성취할 수 있으며, 자유롭게 내면의 나침반을 발견하여 따르거나 최소한 나침반과 연결되어 있다고 느낄 수 있다.

수수께끼 같은 운명의 근원인, 내면 깊은 곳의 지혜는 우리에게 무언가 좋은 일이 일어나기를 바란다. 그러나 여정을 시작하거나 계속하려면, 그리고 다시 태어나려면 단절되고 분리된 시기가 있어야 한다는 것도 알고 있다. 분리되는 일은 정신적인 차원에서 완전하고 철저하게 실제적으로 일어나야 하기 때문에, 몹시 두렵고 어렵다고 느낀다. 죽음이나 처절한 상실이라고 받아들이기도 한다. 아프리카의 사춘기 소년이 성인식을 위해 떠나 있는 동안 어머니는 아이를 위한 장례식을 치른다. 소년은 "죽은" 것이다. 몇 주 후 돌아온 아들은 더는 어린아이가 아니라 어엿한 한 남자이다.

사람들은 변화가 필요하거나 둥지를 떠나야 할 시기가 되면 극심한 스트레스와 압박에 시달리기도 한다. 압박이 너무 강하면 다른 길을 택하기도 한다. 자살만이 둥지를 "떠날" 수 있는 유일한 방법이라고 생각하는 것이다. 하지만 자살은 여정의 끝을 의미하기 때문에 잘못된 생각이다. 떠나거나 마무리를 짓거나 독립을 하는 일은 여정의 시작이어야 하며 끝이 되어서는 안 된다. 떠나거나 마무리한다는 등의 말을 문자 그대로 받아들이지 말라. 상징과 은유로 의미를 이해해야 한다. 나침반을 통해 우리에게 전달되는 메시지와 신호는 상징적이다. 즉 기호나 이미지, 감정이 반드시 문자 그대로의 의미를 지니고 있지 않다는 뜻이다. 이 말은 우리가 취하는 '행동' 역시 상징적이고 은유적일 수 있다는 의미이다. 정말로 죽지 않아도 아프리카 성인식처럼 변화나 둥지로부터의 독립, 심지어 죽음까지도 상징적으로 단언하거나 의식을 통해 경험할 수 있다.

마지막으로, 떠나는 일은 구체화됨으로써 완성되고 정신적인 차원에 이르게 된다. 정확히 무엇을 떠날지 매우 신중하게 선택할 수 있어야 한다. 학교를 떠나지 않고도 학업 진로를 바꿀 수 있다. 회사를 떠나지 않고도 회사 내에서 다른 업무를 찾을 수 있다. 결혼 생활을 깨뜨리지 않고도 상황을 어렵게 몰고 간 행동이나 생각하는 방식을 고칠 수 있다.

둥지를
떠나는
시기가 중요하다

둥지를 떠날 때 무엇보다도 중요한 요소는 타이밍이다. 낮에 둥지를 떠나는 거북은 밤에 부화한 거북보다 바다로 향하는 동안 훨씬 더 많은 위험에 노출된다. 열대 해안의 모래는 너무 뜨거워서 새끼거북은 바다에 닿기도 전에 목숨을 잃기 십상이다. 하늘에서는 성질 사나운 새들이 급습해 내려와 모래와 파도에서 새끼거북을 낚아채 간다.

안타깝게도 사람의 경우에는 시간에 대한 일반적인 충고를 해주기가 몹시 어렵다. 떠나는 시기가 너무 늦어도, 너무 빨라도 위험은 존재한다. 너무 오랫동안 떠날 시기를 기다려온 사람은 기다림이 길어질수록 점점 더 떠나지 못하게 된다. 반면 지나치게 열의가 넘치는 사람은 너무 빨리 떠나는 바람에 준비가 되어 있지 않아 큰 어려움을 겪기도 한다.

그렇다면 언제 둥지를 떠나야 할지 어떻게 알 수 있을까? 답은 간단하다. 준비가 되었을 때 떠나면 된다. 내면 깊숙한 곳에서 "때가 됐다!"는 말이 들릴 것이다. 둥지는 우리를 품고 길러주는 곳이다. 우리는 둥지에서 성장하고 배우고 더 강해져야 한다. 둥지는 우리를 안전하게 지켜주고 보호해주는 곳이기도 하다. 따라서 둥지가 안전하지 않아 더는 그 안에서 성장할 수 없다면, 그때가 바로 떠나야 할 시기이다.

사람들은 단지 불편하다는 이유로 둥지를 떠나기도 한다. 그러나 이는 엄청난 실수이다. 간혹 둥지가 불편하다면 배우고 성장할 기회가 찾아왔다는 신호이다. 어떤 문제나 어려운 상황에 대처하는 동안, 우리는 둥지에 머무르기 위해 더 깊은 곳에 잠재된 재능을 일깨우면서 변화를 겪는다. 다섯 번째 방법 "깊이 잠수하기"에서는 우리의 심연에서 오는 압박이나 어려운 상황으로부터 받게 되는 압박이 실제로 어떻게 긍정적인 변화를 이끌어내지 이야기한다. 따라서 둥지가 불편하게 느껴진다면 그곳에서 계속 성장할 수 있는지 아닌지를 판단할 수 있어야 한다. 아마도 둥지를 떠나기보다는 그 상황을 직시하고 그로부터 배워서, 둥지를 좀 더 안전하고 도움이 되는 장소로 만들 방법을 찾아낼 수도 있다.

둥지가 불편하다는 이유로 직장, 나라, 배우자 할 것 없이 여기저기 옮겨 다니며 떠돌이처럼 살아서는 안 된다. 이는 순전히 불편할 때마다 도망치는 모양새에 불과하다. 역설적이게도 자신의 나침반과 접촉하면 할수록, 난처한 상황에 놓였을 때 실제로 둥지에 머무를 가능성은 더 커진다. 우리의 삶이 더 깊은 의미를 지니게 되므로, 그리고 나침반이 우리를 미리 계획되지 않은 여정으로 이끌어주기 때문에 직접 어딘가로 떠나지 않고도 항상 새로운 경험, 새로운 도전, 새로운 성공을 맛볼 수 있다. 물론 떠나야만 할 때도 있다. 우리가 둥지 밖으로 떠밀려 나오는 경우이다. 둥지에 있기에는 너무 많이 자랐기에 더는 그곳이 안전하지 않은데도 계속 머무른다면 위험에 빠질 수밖에 없다.

준비가 되었을 때 떠나라. 적절한 때라고 느끼거나 신호를 받았을 때 떠나야 한다. 우리는 가끔 마음속으로 느껴왔던 것을 확신하게 해주는 여러 가지 일을 동시에 겪는다. 누군가를 만난다거나, 떠나라는 신호로밖에는 설명할 수 없는 일련의 특이하고 색다른 일을 경험한다. 기회는 일자리 제의나 유학 가능성, 프로젝트 참여와 같은 모습으로 우리 앞에 나타나기도 한다. 바로 그때이다. 기회를 놓치지 말라.

'준비 상태being ready'와 '대비된 상태being prepared'를 혼동해서는 안 된다. 안전한 둥지를 벗어나 운명을 향해 떠날 때 문제는, 우리 앞에 어떤 일이 기다리고 있는지 예측할 수 없으므로 완벽히 대비하기란 불가능하다는 사실이다. 물론 최선을 다해 필수 사항을 준비하는 것은 당연하다. 그러나 내가 말하는 '준비 상태'는 단지 내면에서 "지금이 바로 그때야"라고 말하는 듯한 기분을 의미한다.

둥지를 떠나는 데 지도란 없다. 떠날 시기가 가까워지면 우리는 내면 깊은 곳에서 작용하는 힘의 영향력 아래 완전히 놓이게 된다. 그러나 둥지를 떠나는 첫걸음을 내딛자마자 새로운 세상이 열리며, 내면의 나침반이 작동하기 시작하면서 운명이 이끄는 방향을 우리에게 알려줄 것이다.

/

6 WAYS
TO
FOLLOW
YOUR
COMPASS

/

인생이란, 특히 변화의 시기에 있어서 인생이란 마치 사막을 건너는 것과 같다. 그렇다. 인생은 정녕 '건너는' 것이다. 목적지는 보이질 않고, 길을 잃기도 하며, 오도 가도 못하는 신세가 되었다가 신기루를 좇기도 한다. 사막을 건너는 동안에는 언제 건너편에 다다를지 알 수 없다. 우리의 인생도 많은 부분이 그 모습과 닮았다. 목표를 볼 수가 없고, 목적지에 다다랐는지 여부도 알 길이 없다. 그리고 도대체 인생의 목적이란 것이 무엇인가?

부모가 된다는 것 또한 인생에서 건너야 할 크나큰 사막이다. 부모의 역할을 다했다는 걸 무엇으로 알 수 있는가? 아이들이 독립해서 분가하면? 결혼하면? 더 이상 돈 달라고 손을 내밀지 않으면? 내가 완벽하지 못한 부모임을 이해하며 용서해 줄 때? 아이를 먼저 떠나보낸 부모조차도 여전히 부모로 남아, 아이를 먼저 보낸 부모들만 아는 엄청난 고통을 죽을 때까지 안고 살아간다. 부모가 되는 일은 끝이 없는 길을 가는 것과 같다. 대부분의 사람들에게 아이를 키우는 일이 인생에서 가장 보람 있는 일인 것은 사실이지만, 거기에는 꼭대기가 따로 없어서, 정상에 올라 아래를 내려다보며 "드디어 해냈다. 이제 부모 역할을 끝냈다"라고 외칠 수 없다.

도대체 끝이 보이지 않아서, 건너편 저쪽에 닿을 수 있을 것 같지가 않아서, 우리는 인생을 살면서 좌절감을 맛본다. 이런 식으로 생각하는 이유는 우리 문화권에서는 항상 인생을 등산에 비유하기 때문이다. 우리는 목표를 추구하고 성취하는 데 중점을 두고, 결과를 중시하는 사회 속에서 살고 있다. 문제점을 정의하고, 목표를 설정하고, 계획을 실행하는 것을 모든 문제의 해결책으로 여긴다. 이것이 바로 정상을 향해 올라가는 산악인의 정신이다.

산악인들에게는 목표가 눈에 보인다. 산꼭대기가 바로 저 위에 보인다. 그래서 힘을 얻고 그곳을 향해 나아간다. 정상에 다다르면 목표를 달성했음이 너무나 분명해진다. 은퇴를 준비하면서 저축을 하는 것이 바로 이러한 등반의 좋은 사례라고 할 수 있다. 목표가 분명한 것이다. 얼마만큼을 저축해야 은퇴 후에 안락한 생활을 할 수 있는지 분명히 알 수 있다.

하지만 목표가 모호하거나 또는 최종적인 결과라기보다는 일종의 과정처럼 느껴진다면, 그것은 바로 사막을 건너고 있는 것이다. 결혼을 한번 생각해보자. 결혼하면서 배우자의 손을 잡고 "자, 우리 결혼해서 50년을 함께 잘 살 수 있을지 한번 두고 봅시다"라고 말하는 사람은 아무도 없을 것이다. 모든 사람은 행복하기 위해, 서로 의지하기 위해, 화목한 가정을 꾸리기 위해, 인생을 함께하기 위해 결혼을 한다. 이러한 이유는 존재의 방법을 설명하는 것이지 결코 구체적인 최종 결과가 아니다. 사막은 긴 여정길이고, 결혼은 사막이다.

산악인들에게는 목표가 있으며 정상에 오를 때까지 얼마만큼의 시간이 걸릴지도 알 수 있다. 그들은 목적지에 도달하는 데 걸리는 구체적인 시간까지도 계획을 세운다. 재무 설계사는 현재의 경제 형편과 생활수준을 토대로 은퇴 후의 안락한 생활을 확보할 수 있을 때까지 얼마만큼의 시간이 걸릴지를 우리에게 알려줄 수 있다.

하지만 이혼이라는 사막의 고통에서 치유될 때까지 얼마나 오랜 시간이 걸릴지 말해줄 수 있는 이혼 설계사는 없다. 중년에 찾아오는 위기가 얼마나 오래갈지 아무도 알 수 없다. 알코올 중독자 모임의 회원들은 30년 동안 술 한 방울 입에 대어 본 적이 없어도 여전히 자신을 알코올 중독자라고 부른다. 사막은 끝이 없어 보이고 끝이 있다 할지라도 이 사막을 건너는 데 얼마만큼의 시간이 걸릴지 예측하기는 무척 어렵다.

산을 타는 기술은 사막에서는 써먹을 데가 없다. 지도는 무용지물이다. 사하라 사막을, 또는 인생이라고 하는 사막을 무사히 건너려면 그 여행의 규칙을 따라야 한다. 그 여행에 정말 필요한 것은 지도가 아니다. 나침반이다.

2

● 둥지 떠나기

마음이 이끄는 대로 따라가기 ●

● 잘할 수 있는 일을 찾아내어 행하기

실수를 두려워하지 않기 ●

● 깊이 잠수하기

집으로 돌아오기 ●

—
—

바다거북의 항해에 대한 과학적인 연구는 1940~1950년대에 아치 카Archie Carr에 의해 시작되었다. 동물학자이자 플로리다 대학 교수인 아치 카는 일생 대부분을 동물학을 가르치며 보냈다. '바다거북 연구의 아버지'로 알려진 그는 20세기에 많은 바다거북 종들을 멸종 위기로부터 구해내어 널리 찬사를 받았다.

카는 푸른바다거북의 개체수가 급격히 감소하는 걸 막기 위해 많은 노력을 기울였다. 푸른바다거북은 크고 아름다우며 몸무게가 200킬로그램이 넘는 동물이다. 매력적이고 호기심 많은 얼굴을 한 이 바다거북은 힘차게 물질하며 유유히 헤엄친다. 공교롭게도 이 거북은 맛이 매우 좋다. 오늘날까지 사람들은 이 거북을 식용 목적으로 포획한다. 이 우아한 생명체가 더는 줄어들고 사라지지 않도록 전 세계 국가들이 함께 보호하기를 바란다. 그러나 역설적이게도 푸른바다거북이 넓은 대양을 항해할 수 있는 놀라운 능력을 가지고 있다는 사실이 처음 알려진 것은 거북 사냥꾼들 덕분이었다.

성질이 매우 온순하여 장기 운송이 쉬운 푸른바다거북은 언제나 사냥꾼들이 선호하는 사냥감이었다. 이들은 갇힌 채 수개월간 생존할 수 있다. 20세기 초중반에 카리브 해의 어부들은 거북의 판매대금을 제대로 받으려고 각 어선에서 잡은 거북이마다 껍질 아래쪽에 자신들의 머리글자를 새겨 넣고는 했다. 그러고 나서 플로리다에 있는 시장으로 가는 더 큰 배에 거북들을 옮겨 실었다.

1956년에 출간된 아치 카의 책《바람이 불어오는 길Windward Road》에는 니카라과 연안의 서식지에서 많은 바다거북을 잡아 이름을 새겨 넣었던 거북 낚시꾼들의 이야기가 자세히 실려 있다. 어느 날, 거북들을 실은 운반선이 목적지인 플로리다 주의 키웨스트에 가까웠을 무렵, 멕시코 만에서 거친 폭풍우를 만났다. 배는 좌초되었고 푸른바다거북들은 탈출했다. 그러나 이 거북들의 행운은 오래 가지 못했다. 두 달 후, 처음에 잡혔던 니카라과 인근의 서식처에서 이름이 새겨진 바다거북 몇 마리가 다시 잡혔다. 그 바다거북들은 익숙하지 않은 바닷길을 1,000킬로미터나 건너 되돌아온 것이다!

의도했던 실험은 아니었지만, 이름을 새겨 넣은 거북이들의 귀향은 그들이 목적지를 향해 항해할 수 있는 능력을 타고났음을 증명한 셈이었다. 이 사건을 계기로 거북이 어떻게 그런 뛰어난 항해 능력을 갖게 되었는지를 밝혀내기 위한 연구가 시작되었다. 바다거북의 초자연적이고 신비한 항해술의 비밀을 밝혀낸 것은 아주 단순한 실험이었다. 과학자들은 크고 둥근 수조 속에 알에서 갓 깨어난 새끼거북들을 넣고 물통 밑에서 지구 자기장을 통제했다. 그러고는 자기장에 변화를 가해 거북이 헤엄치는 방향을 바꿀 수 있었다.

이제 우리는 바다거북이 나침반의 능력을 가지고 태어난다는 사실을 알게 되었다. 또 다른 연구들을 통해 거북의 나침반은 나이가 들수록 더 정확해진다는 사실도 알게 되었다. 어린 거북은 일반적으로 넓은 바다를 이곳저곳 돌아다니지만 차츰 나이가 들면서 먹이가 많은 특정 서식지를 찾아내게 된다. 그리고 마침내 완전히 성장하면 자력이 느껴지는 대로 반응하면서 태어났던 그 해변으로 정확하게 되돌아올 수 있다.

당신의
나침반을 찾으라

바다거북의 나침반은 머릿속에 있다. 자기적 특성을 가진 철의 일종인 마그네타이트magnetite는 갓 태어난 거북의 머릿속에도 다량 존재한다. 거북은 물에 들어가자마자 그들이 느끼는 자력에 따라 방향을 잡을 수 있다. 거북들은 서식지와 부화 장소로 되돌아갈 수 있도록 자신들이 이동하는 모든 장소에서 방출되는 자기장 신호를 기억하는 듯하다. 이들의 머리는 실제로 가고자 하는 방향으로 그들을 인도하는 나침반 바늘과 같다.

나침반을 더 잘 따라가려면 이 독특한 '기관'이 우리 몸속 어디에 존재하는지 생각해야 한다. 다른 곳보다 심장 혹은 가슴에 존재한다고 생각하면 도움이 된다. 나침반을 심장과 연관해서 생각하면 신호를 수신하는 데 도움이 되는 이미지를 떠올릴 수 있기 때문이다. 나침반의 신호는 생각thoughts보다는 느낌feeling과 닮았기 때문에, 머리보다는 심장과 더 잘 어울린다. 나침반이 가리키는 방향은 항상 논리적이진 않으며, 우리를 느낌으로 유도한다.

심장은 사랑을 상징한다. 사랑하는 사람들, 하고 싶은 일들, 세상에서 사랑을 찾고 사랑받는 방식은 우리의 나침반이 어떤 방향을 가리키고 있는지 가늠할 수 있는 단서들이다. 나침반이 가리키는 방향을 따르는 것은 자신을 사랑하는 최상의 방식이라고 할 수 있다. 사랑처럼 나침반도 가끔은 이해하기 어렵다. 결국 자신의 나침반이 가리키는 방향을 놓치거나, 그 방향을 알지만 따라갈 수 없다면 가슴이 무너지는 느낌을 받게 된다.

당신의 심장을 따르고, 심장의 소리에 귀 기울이며, 심장과의 관계를 돈독히 하는 방법이 있다. 매일 느끼는 수많은 충동으로부터 심장에 있는 나침반이 보내는 신호를 포착할 수 있도록 감성을 개발하는 것이다. 자신이 무엇에 이끌리고, 열정이 생겨나며, 욕구를 느끼고, 꿈꾸게 되는지 알아차리고 반응하는 것이다. 가슴 깊은 곳에서 원하는 것이 무엇인지 느낄 수 있다면, 머릿속 지도와 생각에만 의존하는 대신 나침반이 알려주는 신호를 바탕으로 결정을 내릴 수 있다.

내게 춤을 배우는 학생들에게 자주 권하는 운동, 당신도 쉽게 따라할 수 있는 운동이 하나 있다. 발뒤꿈치, 엉덩이, 등 위쪽과 머리를 벽에 붙이고 똑바로 서라. 배를 집어넣고, 가슴을 내밀고, 어깨에 힘을 빼라. 머리를 벽에 붙인 상태에서 척추 위에 머리를 살짝 올려둔 것처럼 편안한 자세를 취해보자. 자세를 잡았으면 이제 걸음을 떼어보자. 어느 부분이 가장 먼저 움직였는가? 발부터 움직였는가? 아닐 것이다. 균형을 잘 잡은 상태에서 움직이려 했다면, 가슴이 제일 먼저 움직인다. 다시 말하자면, 바다거북의 머리가 거북을 이끄는 것처럼, 말 그대로 당신의 심장이 당신을 이끈다.

이렇게 균형 잡힌 자세로 매일 조금씩 걸어보라. 의식의 초점을 머리가 아닌 심장으로 옮기라. 뭐든지 생각을 앞세우려 하지 말고, 당신이 어디로 가야 하는지를 심장으로 느끼려 해보라. 당신이 무엇에 끌리는지 깨닫고, 가능하다면 그것을 따르라. 이 걷기 훈련을 할 시간이 없다면, 그저 가슴 위에 손을 얹고 가슴이 원하는 것을 느껴보라. 이처럼 단순한 훈련이 당신 가슴속 깊은 곳으로부터 전해오는 신호들을 느낄 수 있도록 도와줄 것이다. 그러면 거북처럼 당신의 나침반이 길을 이끌기 시작할 것이다.

아이가 서너 살 정도 되면 원하는 것을 분별하고 그것을 부모에게 언어로 요구하기 시작한다. 이 시기를 '미운 네 살'이라고 부른다. 이 시기에는 뭐든 갖고 싶다고 다 가질 수 있는 건 아니라는 사실을 배우기 때문에, 부모에게나 아이에게나 견디기 힘든 시간일 수 있다. 우리도 모두 그 시기를 경험했으며, 어떤 사람들은 자녀들이 그런 과정을 거치는 걸 봐왔다. 이 과정에서 부모는 완전히 미쳐버린다! 하지만 성장을 위해서는 피할 수 없는 경험이기도 하다. 한편으로는 뭔가에 순수하게 끌리는 때와 멀어지는 시작이기도 하다. 아주 어렸을 때부터 이미 우리는 원하는 걸 모두 가질 수 없으며, 우리가 느끼는 갈망, 욕망, 열정을 무작정 믿고 따르면 안 된다고 배운다.

자신이 어린 시절에 어떤 것에 열정을 느꼈고 끌렸는지 회상해보면 크게 도움이 된다. 합리적 사고를 할 수 있을 만큼 성장하기 전에 우리를 사로잡았던 열망과 집념은 우리가 심장으로 느끼는 순수한 나침반 신호들이다. 어렸을 때 이끌렸던 것들을 떠올려보면 나침반 신호를 보내는 심장과의 소통의 폭을 넓히기 쉽다. 오랫동안 잊고 있었던 끌림을 따라갈 수도 있다.

"그저 이끌리는 대로 가는 게 중요하다"고 지나치게 감성적으로 말하고 싶진 않다. 심장이 이끄는 대로 간다고 문제가 해결되는 것은 아니다. 올바른 문제와 대면해야 한다. 이 끌림은 우리가 자라나 배우고 성장하여 인생의 진정한 방향을 더욱 잘 따를 수 있도록 도와주는 바로 그 문제 앞으로 우리를 인도하기도 한다.

어린 시절, 나는 형제들과 자주 영화를 보러 갔다. 우리 동네에는 철 지난 영화를 상영하는 허름한 극장이 있었는데 일요일 오후에는 가족영화를 상영했다. 물론 '가족'이라 함은 '아이들'을 의미했다. 그 시간에 극장으로 들어올 만큼 용감하거나 멍청한 어른은 없었기 때문이다. 부모님이 차로 데려다주면 아이들이 차 문을 열고 극장으로 쏟아져 들어가 난리법석을 떨었다. 우리는 일요일 오후에 영화관에서 참 많은 말썽을 일으켰다.

불이 꺼지자마자, 남자아이들은 저마다 새총을 꺼내들고 구내매점에서 산 작고 딱딱한 사탕을 쏘아댔다. 여자아이들은 영화 좀 보게 그만하라고 소리쳤지만, 사실 그 아이들도 영화를 보지는 않았다. 시끄럽게 떠들고 깔깔거리면서 다른 친구들과 얘기하려고 자리를 옮기며 뛰어다녔다. 결국 빨간 턱시도 재킷에 검은 나비 넥타이를 맨 좌석안내원이 달랑 손전등 하나 들고 순식간에 아수라장이 된 극장 안을 진정시키러 들어왔다 나갔다를 반복해야 했다. 까불다가 그에게 잡히기라도 하면 큰일이었다. 극장에서 쫓겨나 부모님이 오실 때까지, 혹은 영화가 끝날 때까지 기다려야 했다.

하지만 무엇보다 두려웠던 것은 필시 한 주 혹은 여러 주 동안 이 즐겁고, 혼란스럽고, 소란스러운 일요일 오후의 축제에 참석하지 못하게 하는 처벌이었다.

영화가 끝나 어둠 속에서 나오면 바깥 세상의 불빛 때문에 눈이 부셔 비틀거렸다. 뱃속은 정크푸드로 터질 듯했고, 엎질러진 음료를 밟아댄 신발은 길바닥에 끈적끈적 달라붙었다. 그러나 부모님의 통제에서 벗어나 완전히 멋대로 놀면서 몇 시간을 보냈기에 늘 행복했다. 우리를 데리러온 부모님은 항상 "영화는 어땠니?"라고 물었고, 나는 더 이상 자세히 묻지 않기를 바라며 "좋았어요"라고만 대답했다. 수년 동안 제대로 본 영화는 딱 한 편뿐이었기 때문이다. 하지만 그 한 편으로 충분했다.

1962년 아카데미 시상식에서 〈아라비아의 로렌스Lawrence of Arabia〉가 7개 부문을 석권했다. 아일랜드의 연극 배우였던 피터 오툴Peter O'Toole은 그의 첫 번째 영화에서 1차 세계대전 당시 터키 오스만 제국에 맞서 아랍 저항군을 이끌었던 수수께끼 같은 영국 장교 로렌스T.E. Lawrence 역을 맡았다. 그 영화를 처음 봤을 때 나는 아홉 살 혹은 열 살이었다.

영화는 복잡한 상황 속에서 갈등을 겪는 실존인물 로렌스를 상세히 묘사하고 있었지만, 눈이 휘둥그레져서 영웅을 흠모하던 어린 시절의 나는 그런 디테일까지는 느끼지 못했다. 그저 내 눈에는 이국적인 아랍 복장을 한, 잘생기고 늠름하며 용감한 군인이 흰색 낙타 위에서 칼을 꺼내들고 끝없이 펼쳐진 모래언덕을 질주하는 장면밖에 보이지 않았다.

분명 이 특별한 일요일 오후 상영도 여느 때처럼 난장판이었으리라. 하지만 친구들이 새총을 쏘고 누나들이 계속 수다를 떨었던 기억은 나지 않는다. 사막의 모습, 전투 장면, 유목민 전사처럼 차려

입은 잘생긴 영국 장교에 완전히 사로잡혔던 기억뿐이다. 영화가 끝나고 누이들과 동생들은 다른 아이들처럼 출구 쪽으로 몰려 나갔지만, 나는 잊을 수 없는 중동풍 멜로디의 영화음악이 끝날 때까지 자막이 올라가는 스크린을 뚫어져라 바라보며 꿈꾸듯 자리에 그대로 앉아 있었다.

마침내 극장을 빠져나와 바깥의 따갑고 눈부신 햇볕과 마주했을 때 나는 공상에 빠져 들었다. 나는 갑자기 머나먼 사막 땅에서 한낮의 태양 아래에 있는 아라비아의 로렌스가 되었다. 부모님의 차는 대담무쌍한 다음 공격을 계획하기 위해 카이로로 나를 데리고 돌아가는 영국 장군의 차였다. 누이와 동생들은 터키 스파이일 가능성이 있었기 때문에, 아버지가 영화에 대해 물어도 나는 입을 꾹 다물고 아무 대답도 하지 않으며 묵비권을 행사했다. 한편 가슴속에서는 내 인생의 가장 큰 자기력 같은 힘 가운데 하나가 나를 운명으로 끌어당기기 시작했다.

이후 몇 주 동안 우리 집 뒤편의 나무가 우거진 골짜기는 광활한 아라비아의 사막이었다. 동생 댄과 사촌 앤디는 터키의 압제자들과 싸우고 우리의 소중한 사막 집에서 그들을 함께 몰아내는 베두인 Bedouin 참모가 되었다. 천천히 흐르는 델라웨어 개울의 부드러운 진흙은 가상의 모래 늪이었고 우리 집 강아지 스타는 모든 전투에 앞장서는 용감한 낙타였다.

비록 상상 속 사막에서 뛰놀던 어린 시절의 놀이는 끝났지만, 사

나는 갑자기 머나먼 사막 땅에서 한낮의 태양 아래 있는
아라비아의 로렌스가 되었다.
사막은 그렇게 어린 나를 운명으로 끌어당기기 시작했다.

막의 사람들과 함께 그곳에 있던 나의 상상 속 이미지는 결코 잊을 수 없다. 열일곱 살때에 나는 유럽 구석구석을 때로는 혼자, 때로는 친구와 여행했다. 모로코에 갈 기회가 생겼을 때는 사막과 낙타의 이미지를 곧 떠올렸고, 친구 제프 칸더와 세상에서 가장 이국적인 나라 중 하나인 그곳으로 멋진 모험을 떠났다. 사하라 사막까지 가 보진 못했지만, 아라비안나이트에서 튀어나온 듯한 중세 도시들과 이슬람 문화에 완전히 매혹되었다.

3년 후, 북아프리카에 갈 계획 없이 유럽 배낭여행을 하기로 결심 했을 때, 우연히 사하라를 건널 기회가 생겼다. 또 다시 자석처럼 나를 이끄는 힘이 마법을 일으켰다. 첫 번째 책에서 이야기했던 것 처럼, 나는 세계에서 가장 큰 사막의 한 가운데에서 끊임없는 어려 움을 경험하면서 끊임없이 나를 인도하는 나침반에 인생의 방향을 맞추게 되었다.

사막으로 이끄는 힘을 따라가면서, 나는 마침내 지난 경험을 강 의하고 훗날 베스트셀러가 된 책을 집필했다. 이를 통해서 아라비 안 반도에 있는 로렌스의 사막은 아프리카에 있는 사하라 사막으로 바뀌었다. 베두인 유목민들은 투아레그Tuareg 유목민이 되었고, 나는 군인 대신 강연자이자 작가로 살게 되었다. 지금도 나는 지평선을 따라 드넓게 펼쳐진 모래 바다, 그리고 푸른 터번을 쓰고 하얀 낙타 위에 올라타 옷을 휘날리며 모래 언덕을 달리는 남성의 이미지에 매료되어 있다.

나침반은
연습을 통해
더 정교해진다

바다거북과 같이 당신의 나침반도 연습할수록 더욱 정확해진다. 그러니 자신이 좋아하는 일을 더 많이 할 수 있도록 스스로에게 기회를 주라. 심장이 뭔가에 끌려 따라갈 때는 특별한 걸 성취하는 데 연연하지 말고 그저 가볍게 연습하듯 따라가라. 그러면 심장에게 당신이 심장의 소리를 듣고 있다고 전달될 것이다. 하고 싶었던 활동이나 취미, 관심 있었던 음식 등이 있었다면 그걸 따르라. 좋아하는 음악이 있다면 거기에 관련된 모든 걸 찾으라. 그 음악이 연주되는 클럽에 가라. 음악가라면, 좋아하는 음악의 스타일을 당신이 연주하는 다른 음악에 접목시켜 보라. 특정 문화나 나라에 관심이 있다면 그 나라로 가서 그곳의 언어를 익히라. 역사를 공부하고 그곳 출신 사람들을 만나라. 끌림이 당신을 어디로 데려가는지 목도하라. 당신도 나처럼 작가나 강사가 될지도 모른다.

지금 당장 끌림을 따라가기 어렵다면 무엇이 당신을 이끄는지 적어보라. 휴대전화에든 노트든 컴퓨터, 당신을 이끄는 무언가를 노트북에 언제든 적어보라. 그리고 잠들기 전, 목록을 보면서 당신의 관심을 이끌었던 많은 것들을 되새겨보라. 다음날이나 일주일 후에 다시 똑같이 해보라. 그리고 목록이 길어졌는지 점검하라. 같은 종류의 것들이 당신의 마음을 끌지 않았는가 확인하라. 그저 무엇이 당신을 이끄는지 알아차리기만 해도 끌림에 대한 당신의 감각은 향상된다.

끌림을 일정 기간 이상 기록하면 중요한 패턴을 엿볼 수 있다는 장점도 있다. 당신이 끌림을 느끼는 리스트에서 되풀이되는 주제는 인생의 방향을 설정하는 데 큰 영향을 끼칠 수 있다. 바다거북이 장소에 따라 자기 신호를 구분하여 반응하듯이, 우리도 특별하고 비슷한 주제에 계속 끌린다. 특정 종류의 끌림이 계속 목록에 나타나는 걸 발견한다면, 비록 그것이 다른 형태와 다른 상황 속에서 나타나더라도, 당신 인생의 커다란 끌림 중 하나임을 알 수 있다.

실제로 이러한 끌림이 우리를 어느 곳으로 인도할지는 알 수 없다. 아무데도 데려가지 않을 수도 있지만 괜찮다. 그것은 실패가 아니니까. 정말 중요한 것은 당신이 그 끌림을 따랐고, 그로 인해 당신의 나침반이 보내는 신호를 감지하는 능력을 길렀다는 사실이다. 심장은 당신이 끌림을 따를 때에야 비로소 당신을 믿는다. 심장이 당신을 더 많이 믿을수록, 심장이 비밀을 드러내고 진정한 자기self의 깊은 내면, 인생의 진정한 목적, 그리고 인생 여정의 진정한 행로를 향해 당신을 이끌 기회가 더욱 늘어날 것이다.

때로 우리는 하나의 끌림을 선택한 뒤 이를 구체적인 목표로 바꾸기도 한다. 또 그 목표를 이루기 위한 지도도 만든다. 이는 잘못이 아니다. 자신이 진정으로 무언가를 원한다면, 그것을 갖기 위해 할 수 있는 일이라면 무엇이든 하는 게 맞다. 이 또한 자기력을 따르는 방법이다.

그러나 중요한 것은 그 목표가 끌림, 즉 내면 깊은 곳에서 당신을 어떤 방향으로 끌어당기는 욕망으로부터 나왔다는 사실이다. 그것은 타인이 만든 지도에 따라 외부에서 발생한 것이 아니다. 목표를 달성하든 못하든, 그 끌림은 여전히 당신을 다른 그 무엇으로 인도할 수 있다. 어쩌면 당신이 목표를 향해 나아가는 과정에서 새로운 끌림이 나타날 수도 있다. 혹은 목표를 성취한 후에는 그쪽으로 더는 이끌리지 않을 수도 있다. 목표를 이뤄 완전히 만족할 수도 있다. 하지만 이런 성취감, 만족감은 새로운 끌림을 느끼고 따를 여지를 만들 수 있다.

하나의 끌림에서 또 다른 끌림으로

새끼 푸른바다거북은 다양한 먹이에 끌리면서 인생을 시작한다. 그들은 마주치는 어떤 것이라도 다 먹어치운다. 그렇지만 결국엔 그들 삶에서 가장 지속적으로 강력하게 끌리는 먹이에 도달한다. 바로 해초이다. 어느 정도 나이가 먹은 푸른바다거북은 다른 먹이를 거들떠보지 않는다. 그들은 주로 초식성 먹이를 먹는 유일한 바다거북 종이다.

만약 당신이 열대지방에서 휴가를 보내다가, 해저에서 자라나는 짧은 해초를 뜯어 먹는 거북을 보는 행운을 얻는다면, 그 거북은 해양 생물 중 가장 숭고한 생명체 중 하나인 푸른바다거북일 것이다. 꾸준히 해초를 섭취하는 푸른바다거북의 식성은 특유의 색깔과 이름을 가져다주었고, 불행하게도 좋은 맛까지 주었다. 그렇지만 이렇게 하나의 지배적인 끌림이 없다면 푸른바다거북은 그들의 운명대로 살 수 없다.

우리는 자신의 강력한 개인적 운명의 힘에 닿으려 노력한다. 내면의 깊은 곳 어딘가, 존재의 뜨거운 중심부에 자신의 인생에서 정말로 커다란 끌림이 있다. 그것이 당신의 해초이다. 그것은 당신을 먹여 살린다. 그것이 진정한 당신을 만들어주기 때문에 끌리는 것이다. 어쩌면 인간에게는 정말로 커다란 끌림이 두세 가지 있을 수도 있다. 그러한 끌림이 몇 가지나 있는지는 알 수 없지만, 세상에 태어난 목적과 연관된 거대한 끌림이 그렇게 많지는 않다. 우리는 그러한 커다란 끌림과 만나 함께 어우러지고 싶어 한다. 그 끌림이 우리를 어디로 데려가는지 보라. 마치 무도회장의 커플 같다. 끌림이 인도하고 우리는 따라간다.

고등학교 시절 나의 단짝 친구였던 호머는 여학생들을 만날 좋은 생각을 떠올렸다. 그의 어머니는 무용 선생님이었고 그녀는 호머가 무용 수업을 듣길 원했지만, 녀석은 무용에 전혀 관심이 없었다. 그렇지만 무용 수업에는 여자아이들이 매우 많기 때문에, 함께 이 수업을 들으면서 여자를 만나자며 나를 설득했다.

십대 소녀들에 대한 또래 소년들의 끌림을 비하하고 싶지는 않다. 부인이나 남편을, 여자친구나 남자친구를, 연인이나 파트너를 갈망하는 끌림은 굉장히 거대한 힘이며, 올바른 사람을 만났을 때에는 우리의 인생을 바꾸어 놓는다. 그렇지만 이것은 단지 여자아이들의 주목을 끌 방법을 궁리하던 열여섯 살 소년들의 이야기이다. 우리는 결국 성공했다.

호머와 나는 탭댄스 수업을 신청했다. 적어도 발레복을 입거나 발레 슈즈를 신을 필요는 없었기 때문이었다. 하지만 우리는 전혀 연습을 하지 않는 문제 학생이었다. 수업에는 관심이 없었고 말썽만 일으켰다. 오로지 여학생들의 관심을 끄는 데만 열심이었다. 배운 걸 보여줄 차례가 됐을 때, 우리는 배운 것과는 다르게 말도 안되는 즉흥연기를 우스꽝스럽게 하기도 했다. 여자아이들은 꽤 재밌어했다. 그녀들은 으쓱거리며 자리로 돌아가는 우리를 웃는 얼굴로 바라보았다. 매 수업 시간마다 약 2분 정도는 어여쁜 소녀들로 가득 찬 공간에서 우리가 확실히 이목을 끌었다. 호머의 어머니조차 우리의 익살맞은 행동에 웃음을 참지 못했다.

그러나 호머가 가장 좋아했던 것은 농구였다. 몇 달 후 그는 탭댄스를 그만두고 고등학교 농구팀에 입단했다. 여자아이들과 함께하는 것보다 훨씬 더 크고 중요한 끌림에 따른 것이다. 반면 나는 몇 달치 수강료를 이미 지불했기 때문에 몇 주 동안 혼자 수업에 계속 참여했다. 유일한 청일점이었던 나는 너무 부끄러워서 대담하게 행동하지 못했고, 나를 부추겼던 호머도 없었기에 그저 빈둥거리며 시간만 허비했다. 그러던 중, 탭댄스를 진지하게 배우고 싶다는 마음이 생겼다. 놀랍게도 탭댄스가 좋았다. 여자애들에 대한 관심은 사라지고, 선생님의 가르침에 귀를 기울였다. 한 달이 지나자, 호머의 어머니는 내게 탭댄스 수업 전에 한 시간 일찍 와서 발레 수업을 들어보면 어떻겠냐고 권유했다. 춤을 전문적으로 이해하는 데 도움이 될 거라고 말이다.

진실의 순간, 잠재적인 전환점이었다. 그 끌림을 따를 것인가, 말 것인가? 내 나이 또래 소년이 춤을 배우고 싶어 한다는 얘기는 들어본 적이 없었다. 1970년대 내가 살던 노동자 마을에서 무용 수업이란 여자아이들의 전유물이었다. 나는 일단 그만두고 몇 달 혹은 일년 후에 다시 수업을 들을 수도 있었다. 하지만 기회는 항상 주어지는 것이 아니다. 어떤 끌림은 다시 찾아와서 알 수 없는 미래로 당신을 이끌지만, 어떤 끌림은 딱 한 번만 찾아온다. 나는 시내로 나가서 타이츠와 발레복, 그리고 인구 30만 명의 도시에서 유일하게 남자용 토슈즈 한 켤레를 산 사람이 되었다.

나는 이렇게 댄서가 되었다. 탭댄스와 발레는 물론, 재즈댄스, 현대무용, 볼룸 댄스까지 익혔다. 십대에 춤에 열정을 쏟아 부은 나는 이십대 때 댄스 선생이 되어 무용 학교를 운영했다. 파트너와 공연도 하고 댄스 경연대회에도 참가했다. 지금도 나는 댄스 레슨을 받기도 하고 가끔은 가르치기도 한다. 하지만 만약 전문적으로 춤을 추지 않았더라도, 춤은 인생에 있어서 푸른바다거북의 해초처럼 나를 강한 힘으로 끌어당긴 커다란 끌림으로 남아 있을 것이다. 춤을 춘다는 것은 내가 내면에서 느끼는 감정의 가장 순수하고 비언어적인 표현이기 때문이다. 거의 매주 수요일 밤마다 나는 동네 댄스 클럽에 간다. 나는 댄서다. 여학생을 만나려는 사춘기의 단순한 욕망을 따름으로 인해서 나는 인생과 운명의 중요한 부분을 찾아냈다.

그렇다면 당신의 내면에서 느끼는 욕망이나 열정이 따를 만한 가치가 있는지를 어떻게 알 수 있을까? 때로는 선택해야만 한다. 살면서 하고 싶은 일과 해야 하는 일을 저울질만 하고 있을 수는 없다. 해답은 도전에 있다. 하고 싶은 일이 꼭 해야 하는 일처럼 느껴진다면, 답은 명백하다. 강하게 느껴지는 끌림을 따라야만 한다.

끌림을 따르는 타이밍 역시 매우 중요하다. 단지 준비가 부족해서 가슴속 욕망의 강한 끌림에 따르지 않기로 했다면, 적절한 시기가 아닐 수 있다. 십대 시절 모로코에 있을 때 나는 사하라 사막을 건널 준비가 되어 있지 않았다. 하지만 3년 후에는 분명히 그 모험을 할 수 있는 인생의 단계에 있었다. 이처럼 자신의 심장을 따를지 말지 결정할 때는 따르기에 적합한 시기인지 생각해야 한다. 바로 따를 수 없다고 생각되면, 준비를 하거나 변화를 줘야 한다. 그대로 내버려두지 말라. 그것에 대해 꿈을 꾸라. 적절한 시기가 올 때까지 그 느낌, 끌림의 이미지, 따르고자 하는 갈망을 잊지 말고 간직하라.

"신에게 한 걸음 다가서면, 신은 당신에게 열 걸음 다가설 것"이라는 옛말이 있다. 여기서 '신'이란 당신의 운명을 의미한다. 끌림을 조금만 따르면, 그쪽으로 향하려는 의지를 조금만 행동으로 보이면, 놀라운 일들이 벌어진다. '신'이 열 걸음 당신에게 다가오면서 모든 일이 쉽게 풀리고, 당신을 도와주고 끌림에 따르도록 용기를 북돋워주는 사람들을 만나기 시작할 것이다. 어쩌면 예상치 못한 성공을 마주하거나, 더 강하게 느껴지는 끌림이 이내 나타날 수도 있다.

하지만 정반대가 될 수도 있다. 자기력이 이끄는 새로운 방향으로 한 발짝 내딛는 순간, 시련의 시간이 시작될 수 있다. 하지만 언젠가는 대면해야 할 문제에 직면하는 것이다. 겪어야 할 필요가 있기 때문에 등장한 어려움이다. 비록 쉽진 않겠지만, 올바른 방향으로 향하는 도전을 통해서 '신'이 이미 당신 쪽으로 열 걸음 다가왔다는 사실도 느낄 수 있다.

우리가 따르는 나침반의 어떤 방향은 여생에 영향을 줄 수 있는 중대한 결정을 해야 하는 전환점으로 우리를 이끌기도 한다. 언제 그 순간이 찾아올지 항상 알 수는 없지만 가끔은 직면하는 선택의 중요성이 느껴질 때가 있다. 내가 춤을 계속 춰야 할지 그만두어야 할지 결정해야 했을 때처럼, 지나고 나서야 알 수 있는 경우도 있다. 내 인생을 되돌아 봤을 때, 나는 거의 항상 끌림을 따랐던 걸로 기억한다. 그리고 심장의 끈을 잡아당기고 있는 두 개의 다른 끌림 중에서 선택을 해야 할 경우에는 더 강해 보이는 걸 선택했다. 선택의 기로에서 항상 끌림을 따르지는 못했더라도, 당신은 자신이 원하던 방향이 어디인지, 심장이 가고자 했던 방향이 어디인지 기억할 수 있다. 그리고 그 길을 지금 선택해서 따르면 어떻게 되는지 보라.

명심하라. 심장이 이끄는 대로 따르면 많은 어려움에 빠질 수 있다. 그러나 따르지 않는다면 최악의 고통을 겪을 것이다. 심장을 따랐을 때 무슨 일이 일어날지 결코 알지 못하는 후회 속에서 살아야 하기 때문이다. 끌림에 따르기 위해서 꼭 극적인 인생의 변화가 필요하진 않다. 새로운 방향을 향한 작지만 실질적인 한 걸음으로도 '신'이 당신 쪽으로 열 걸음 다가오게 하는 데 충분할 때도 있다. 이를 통해 진짜 여행이 시작되기도 한다.

/

6 WAYS
TO
FOLLOW
YOUR
COMPASS

/

　우리는 종종 지도와 여행 안내서를 들고 우리 인생을 건너기 시작한다. 결혼을 할 때나 직장을 구했을 때도 지도를 가지고 시작했을 것이다. 그러나 모래땅의 모양이 바뀌면 지도는 아무 소용없어지고, 우리는 길을 잃는다. 우리가 가고 있는 길이 지도에 없다는 사실을 깨닫는 것 자체가 이미 여행의 출발이 된다.

　중년의 인생을 건널 때면 분명한 이정표가 보일까? 십대 자녀를 기르면서 어떤 일을 겪게 될지, 폐경기가 닥치면 어떤 일이 기다리고 있을지 미리 알 수 있을까? 건강 검진 결과가 좋지 않다는 의사의 통보를 받는다면? 결혼 생활이 산산조각 나버린다면? 인터넷에서 안내서를 다운로드 받아서 변화무쌍한 모래 위를 한 걸음 한 걸음 착실히 헤쳐 나갈 수 있을까? 하지만 지도가 없다고 해서 여행을 포기하면 안 된다. 지도가 없으면 마음속의 나침반을 따라가면 되니까.

　우리가 인생이라는 사막을 건널 때 혹은 변화의 사막을 건널 때, 나침반은 다음과 같은 세 가지 역할을 한다.

　첫째, 길을 잃었을 때 방향을 찾아 준다.

둘째, 우리를 더 깊은 사막으로 이끌어준다.

셋째, 우리가 목적지보다 여정 자체에 중점을 둘 수 있게 해준다.

10여 년 전, 결혼 생활이 종지부를 찍었을 때 나는 아무 계획이 없었다. 그저 "이제 어떻게 해야 하지?"라는 혼잣말만 되풀이할 뿐이었다. 그때 내게 가장 중요했던 것은 바로 십대 자녀들이었다. 나는 한 집에 같이 살 때보다 아이들과 더 사이좋게 지내면서 좋은 아빠가 되어 주기로 결심했다. 그것이 내 나침반 바늘이 되었다. 다른 것은 생각도 하지 않으려 했다.

아이들은 엄마를 따라 브리티시컬럼비아의 셀커크 산을 떠나 밴쿠버 섬으로 이사를 갔다. 브리티시컬럼비아에서 9시간 동안 차를 몰고 간 다음 배를 타고 2시간은 더 들어가야 하는 곳이었다. 나도 그곳으로 이사를 갈까 생각해 보았지만, 일자리를 찾고 있던 애들 엄마가 그곳에서 얼마나 살지도 알 수 없었다. 나는 어찌할 바를 몰랐고, 또 길을 잃었다.

그래서 나는 내 안의 나침반에게 길을 물었다. 아이들에게 좋은 아빠가 되라는 나침반의 방향 덕분에 나는 결정을 내릴 수 있었다. 그 후 18개월 동안 나는 한 달에 열흘은 아이들이 사는 곳으로 달려가 함께 지냈다. 아이들과 같이 지낼 수 있는 장기 투숙객용 호텔방을 임대하고, 열흘 동안은 내가 요리를 하고 아이들이 집안일을 했다. 아이들을 학교에 데려다주고 아이들이 축구 시합하는 모습을 지켜보았다.

호텔에 투숙할 때 우리는 침대 사이의 거리가 얼마나 되는지 묻곤 했다. 안내 데스크의 직원은 우리가 왜 그런 질문을 하는지 의아했을 것이다. 우리는 다양한 올림픽 경기 종목 자세로 이 침대에서 저 침대로 뛰어다니며 신나게 놀았다. 옆방의 여행객이나 출장 온 사람들이 시끄럽다고 불평을 하면, 안내 데스크 직원은 그제야 우리가 왜 그런 질문을 했는지 깨닫고는 했다. 너무 심하게 뛰어 놀다가 호텔에서 쫓겨난 적도 있었다. 이런 놀이를 하면서 부모 자식 간의 끈끈한 정을 다질 수 있었다. 매달 열흘씩 아이들과 호텔에서 보내면서 나는 아이들과 더욱 가까워졌고, 부모 노릇에 더 깊숙이 빠져 들어갔다.

나침반은 우리가 좀 더 여행에 집중할 수 있도록 도와준다. 우리는 종종 현실을 회피한다. 현실이 괴롭거나 지겨워서, 또는 목적지만을 생각해서이다. 그런데 방향을 잘 정하면 현재가 의미 있는 것이 된다. 나침반 바늘만 제대로 되어 있으면 우리 발밑의 모래 언덕이 수평선보다 훨씬 더 재미있고, 산꼭대기보다 훨씬 더 현실적으로 다가온다. 아이들과 해변의 호텔에서 한 달에 열흘을 함께 보내면서 나는 부모가 되는 것이 무엇인지를 마음껏 느끼고 거기에 흠뻑 취할 수 있었다. 이혼 전에는 실감할 수 없었던 소중한 감정이었다. 중요한 것은 우리가 매일 함께 있었고, 나는 그들의 아버지이며 우리는 가족이라는 사실이었다.

지도보다는 나침반을 따라가는 것이 훨씬 의미 있는 일이다. 하지만 그 나침반으로 올바른 방향을 찾는 것은 결코 쉬운 일이 아니다. 지도는 따라가기만 해도 충분하지만 나침반은 그렇지 않기 때문이다. 나침반 방향 측정이란 나에게 진정으로 중요한 문제에 대한 개인적인 사명 선언문과 같다. 그것은 단순히 목표나 목적지가 아니라, 살아가는 방법 또는 존재하는 방법을 담고 있어야 한다. 우리가 인생의 사막을 건너서 따라가는 방향은 깊은 의미가 있어야 하고 명료해야 한다.

산을 타는 자세로 살아가는 사람에게 가장 중요한 것은 정상에 다다르기 직전 마지막 날 또는 그 마지막 시간이다. 목표 달성에만 매달려 인생을 살아간다면 도착하는 것만이 중요한 것이 되어 버린다. 우리 안에 있는 나침반은 우리가 여행을 하는 매순간 가장 중요한 것을 놓치지 않도록 이끌어 준다.

반항적인 십대 자녀를 양육하다 보면, 아이가 집을 떠나서 독립할 때 또는 더 이상 다른 사람을 괴롭히지 않게 될 때를 종착역으로 삼기 쉽다. 그러나 목적지를 목표로 삼게 되면 진짜 중요한 것은 놓치는 어리석은 짓을 범하기 쉽다. 매일 아이들과 부대끼는 것이 너무 짜증나거나 힘들어서 아예 거리를 두면, 평생 자녀와 좋은 친구로 지낼 수 있을 기회를 놓치고 만다.

우리가 가야 하는 방향은 '그저 재미있는 시간을 보내는 것'과 같이 단순한 것일 수도 있다. 어린아이였을 때 나침반 바늘은 대개 깨어 있는 시간을 가리켰을 것이다. 이 시간은 의식적으로 선택된 것이 아니라 그냥 적절하고 당연한 방향으로 떠오르는 것 같았다. 바로 지금 당신이 따라야 할 방향이 바로 이쪽이 아닐까?

방향 지침에는 "하라"라는 단어가 들어가는 경우가 많다. 스스로에게 진실하라, 인내하라, 그 순간에 몰입하라, 사랑하는 사람들과 좋은 시간을 가져라, 긍정적인 마음 자세를 가져라, 하느님을 믿어라 등과 같이 말이다. 이러한 표현들은 단순하지만 강력한 방향을 가리킴으로써 인생과 변화의 사막에서 우리가 가야 할 길을 안내해준다.

하지만 때때로 우리는 건전하지 못한 방향을 따르기도 한다. 우리는 희생양이 될 수도 있고, 칼날을 세우고 다닐 수도 있으며, 남에게 시비를 걸 수도 있다. 다 지나고 나서 뒤돌아보면 우리가 때로는 바르지 못한 방향을 따라갔을 때도 있었음을 깨닫는다.

3

거북은 종마다 각기 독특한 재능을 갖고 있다. 가령 바다거북들 중에서 가장 아름답다고 알려져 있는 대모거북(호크스빌, Hawksbill)은 해면을 먹고 소화시킬 수 있는 특이한 능력이 있다. 흔히 해면은 부드럽고 흐물흐물한 식물이라고 생각하지만, 사실은 몸통 외부가 바늘처럼 날카로운 유리로 되어 있는 원시 동물이다. 게다가 대부분의 포식자들에게 독이 되는 강한 화학물질까지 지니고 있다. 해면은 매우 위험하기 때문에 작은 물고기들은 그 사이에 몸을 숨겨 적으로부터 자신들을 방어하기도 한다. 그러나 대모거북은 다른 바다 생물들이 극히 꺼리는 해면을 꾸준히 먹으면서 75킬로그램 정도까지 자란다.

날카로운 주둥이 덕분에 '매의 부리'라는 이름이 붙여진 이 거북은 다치지 않고 해면을 뜯을 수 있다. 경쟁자가 거의 없는 먹잇감이라는 사실 외에도 해면을 포식해 얻는 이점이 있다. 해면의 강한 화학물질 덕분에 대모거북의 고기는 독성을 지니게 되어, 인간이나 바다의 천적들은 대모거북 고기에 관심을 보이지 않는다.

오늘날 지구상에 있는 모든 바다거북은 생존을 위해 지난 2억 년 동안 독특한 능력을 발달시켜왔다. 거북은 힘세고 탁월한 수영선수이다. 일부 종들은 시속 35킬로미터까지 속도를 낼 수 있다. 지구상에서 가장 깊이 잠수할 수 있는 척추동물이기도 하며, 잠수 깊이는 거대한 고래들과 견줄 수 있다. 항해 능력은 동물의 세계에서 최고로 꼽힌다.

그러나 육지에서의 거북은 그렇지 않다. 바다에서처럼 빠르고 민첩하게 움직일 수 없는, 힘들고 연약한 존재이다. 수천 년 동안 거북 사냥꾼들은 열대 지역의 짝짓기 장소인 해변에서 쉽게 거북을 잡았다. 당연히 갓 부화한 새끼들은 가능한 한 빨리 안전한 바다로 달려가야 한다. 바다 생물이면서도 육지로 올라와 알을 낳는 기이한 습성 때문이다.

대부분의 수컷 거북들은 알에서 부화하자마자 열대의 백사장 몇 미터를 건너는 것 말고는 다시는 육지를 디딜 일이 없다. 암컷들은 물에서 삶의 99.99퍼센트를 보낼 것이다. 물속에서는 뛰어나고 육지에서는 힘들기에 바다거북은 자신이 잘하는 일 즉 수영, 잠수, 항해 그리고 대모거북의 경우 해면 섭취 등에 하루 중 대부분의 시간을 사용한다.

바다거북이 바다에서의 삶에 얼마나 적합한지 보라. 그들은 알에서 깨어난 순간부터 바다에서의 삶에 필요한 모든 재능을 갖췄다. 그야말로 출생 당시부터 그들의 머리와 몸에는 성공의 필수 요소가 자리하고 있다.

당신도 다르지 않다. 당신은 살아가야 할 인생에 최적화된 독특한 재능들을 갖고 태어났다. 당신이 갖고 태어난 선천적인 재능은 운명과 연결되어 있으며, 그 재능을 최대한 발휘해 고유의 삶을 살고 성공하도록 최적화되어 있다. 물론 노력은 어디에나 큰 도움이 된다. 그러나 좋아하지 않고 재능이 없는 일에 힘을 쏟기보다는, 본연의 재능을 개선하고 정제해서 집중해서 열심히 노력한다면 더욱 성공할 것이다. 따라서 자신의 재능을 찾아내어 정말 잘하는 일을 하면서, 가장 큰 영향을 끼칠 수 있는 상황에 재능을 투입하는 것이 낫다.

내 친구 아주라Azura는 의사가 되리라는 집안의 기대를 받고 자랐다. 그녀의 아버지는 의사였고 자신도 학창 시절 내내 의사가 되리라 생각했기에 의대 입학시험을 치렀다. 전반적으로 그녀의 성적은 의대에 입학하기에 충분했지만 그다지 뛰어나진 않았다. 그런데 입학시험 중 영어시험에서 99번째 백분위수를 기록했다. 이 수치는 그녀의 영어 실력 즉 읽기와 작문, 이해도 능력이 미국 전체 1퍼센트 안에 드는 대단한 실력이라는 의미이다. 시험 점수 결과를 받은 아주라는 자신이 언어에 특출한 재능이 있다는 사실을 깨닫고 방향을 바꾸어 재능 나침반을 좇았다. 평범한 의사가 되기 위해 열심히 공부하는 대신 자신의 재능에 집중한 그녀는 결국 뛰어난 작가 겸 배우가 되었다.

이것이 새로운 사고방식이다. 열심히 하는 게 다가 아니다. 그저 열심히 해서는 어느 분야에서나 뛰어날 수 없다. 재능이 있어야 한다. 재능이 없다면 기껏해야 평범함을 약간 웃도는 사람 밖에 될 수 없다. 위대한 성공은 자신이 최대한 영향력을 발휘할 수 있는 분야에서, 자신에게 내재된 천부적이고 고유한 능력을 이끌어내야만 가능하다. 마이클 조던의 예를 보자.

그는 역사상 가장 뛰어난 농구선수로 널리 칭송받고 있다. 선수생활 동안 최우수선수상MVP을 다섯 차례 받았다. 득점 기록을 열 차례, 리바운드 기록을 세 차례 갈아치웠으며, NBA 결승전 최우수선수상을 세 번이나 받았다. 정규시즌 동안 최고평균득점 기록과 플레이오프 최고득점기록이라는 NBA 기록 보유자이기도 하다. 그는 자기 팀인 시카고 불스The Chicago Bulls를 6번이나 우승으로 이끌었다. 미국의 스포츠 방송국인 ESPN은 마이클 조던을 '20세기 북미 최고의 운동선수'로 뽑았다.

그런 그가 정상의 자리에 있을 때 갑자기 농구코트를 떠났다. 시카고 불스를 세 번이나 NBA 우승으로 이끈 시기였다. 그는 농구가 아닌 새로운 도전에 나섰다. 다른 누군가의 평생의 꿈을 실현시키기 위해서였다. 당시 갑자기 사망한 그의 아버지는 마이클 조던이 프로 야구 선수가 되기를 항상 바랐다. 그래서 조던은 아버지의 바람을 이루어주기 위해 준비했고 야구 선수가 되겠다는 목표를 달성했다. 인생의 그 시점에서, 그는 다른 무엇보다 메이저리그 야구 선수가 되고자 했다.

조던은 최고의 농구 선수가 되기 위해 필요했던 경쟁심, 끈기, 열정을 야구에 쏟아 부었다. 누구도 따라올 수 없는 뛰어난 운동 신경과 어떤 희생을 치르더라도 이기고야 말겠다는 전사와 같은 마음가짐으로 충만했지만, 그는 앨라배마 마이너리그 팀에서 한 시즌 동안 104번이나 삼진을 당했고 타율은 겨우 2할 2리에 그쳤다. 농구 선수로서 그가 성취했던 엄청난 기록과 비교하면, 야구 선수로 그는 완전히 실패했다.

분명 마이클 조던이 야구 선수의 꿈을 좇았던 해프닝은 실수였다. 하지만 자신의 특출한 운동재능이 어디에서나 발휘되는 것은 아니라는 교훈을 얻었으리라. 그의 재능은 농구라는 고유 분야에만 최적화되어 있었다. 그렇기 때문에 아무리 노력하더라도 야구 선수로는 성공하지 못했다. 미국 남부의 먼지 나는 야구장에서 일 년의 시간을 보낸 뒤, 조던은 더 큰 열정과 의지를 갖고서 자신의 운명인 스포츠, 농구 코트로 복귀했다. 시카고 불스로 돌아간 마이클 조던은 다시 팀을 3회 연속 NBA 우승으로 이끌었다.

육지에서는 적게,
바다 속에서는
더 많은 시간을 보내라

바다거북이 해변에서 육중한 몸을 끌고 다니기가 얼마나 어려운 일인지 생각해보라. 바다에서와 같은 부력이 없기 때문에 지구 중력을 엄청나게 느낄 것이다. 앞에 있는 작은 모래 언덕을 헤치고 밀어내면서 해변을 따라 그 육중한 몸을 끌고 가려니 얼마나 힘들겠는가. 우리가 처한 가장 흔한 문제 역시 땅 위의 바다거북과 다를 바 없다. 흔히 우리는 선천적 재능과 능력을 충분히 활용하지 못하는 상황에서도 아주 열심히 노력해 성공하려 한다. 마치 야구하는 마이클 조던처럼, 자신에게 어떤 재능이 있는지 알면서도 진정 훌륭한 잠재 능력을 극대화시키기 어려운 다른 분야에 재능을 잘못 쏟아 붓는다.

하루 중 얼마나 바다 속에 있는 바다거북 같다는 느낌을 받는가? 바다 속을 편안하게 헤엄치고 단숨에 1,000미터 아래로 잠수하다가 쉽게 수면으로 돌아올 수 있다는 느낌을 얼마나 자주 받는가? 선천적 재능을 발휘하며 보내는 시간이 얼마나 되는가?

반면에 젖은 모래 위로 육중하다 못해 옮기기조차 힘든 거대한 껍질을 질질 끌고 있다는 느낌은 하루에 얼마나 받고 있는가? 내가 알고 있는 사람들 대부분은 바다 속 거북이 아닌 해변의 거북이 된 느낌으로 일하며 보내는 시간이 더 많다. 아마 지금 당신 또한 재미없고 지루하게, 제대로 재능을 살리지도 못하며, 심지어는 스스로를 운명에서 멀어지도록 만들어 자신에게 해로울 수도 있는 일에 열중하면서 시간을 보내고 있을지도 모른다.

그렇다면 당신은 어떤 일을 가장 잘하는가? 무엇을 할 때 선천적 재능을 가장 잘 이용할 수 있는가? 어떻게 해야 당신 고유의 잠재 능력을 쓰는 데 더 많은 시간을 활용하고, 재능이 없는 일에는 더 적은 시간을 쓸 것인가? 이 질문에 답할 수 있다면 운명에 맞는 삶으로 당신을 이끌어주는 강력한 나침반을 갖게 될 것이다.

당신의 껍질이 지닌 아름다움을 발견하라

거북이 등껍질로 만들어진 아름다운 장신구를 본 적이 있는가? 아마 할머니의 귀걸이나 목걸이에서 봤을지도 모른다. 어쩌면 이 귀중한 재료를 세공한 아름답고 고풍스런 부채, 머리빗, 보석 상자를 본 적도 있을 것이다. 그런 놀라운 작품 중 하나라도 보았다면 한 가지는 분명하다. 대모거북이 그 원재료의 출처라는 사실이다. 실제 거북의 등껍질로 만들어진 거의 모든 장신구와 세공된 장식품은 해면을 먹는 대모거북이 제공한 것이다.

고대 이집트 이후 대모거북은 오로지 놀랄 만큼 아름다운 등껍질을 가졌다는 이유로 귀한 대접을 받았다. 20세기에는 멸종 위기에 처할 만큼 무분별하게 포획되는 바람에, 아프리카 코끼리를 보호하기 위해 상아 교역을 금지한 것처럼 거북 등껍질 매매를 금지하는 조약이 1977년 발효되었다. 이 조약은 별다른 효과를 지니지 못하다가 1992년 일본이 서명하면서 대모거북의 등껍질 매매를 근절할 수 있게 되었다. 운이 조금 더해져, 서명국이 더 많아지고 조약이 잘 지켜진다면, 살아 있는 예술품이라 할 수 있는 대모거북은 앞으로 몇 세기 동안 더 살아남을 것이다.

우리는 각자 대모거북의 등껍질만큼 희귀하고 아름다운 재능을 갖고 있다. 당신의 독특한 재능이나 능력이 드러날 때, 그 재능은 햇빛 속에서 찬란히 빛나며 다른 사람의 눈을 부시게 할 것이다. 그런데 안타깝게도 많은 사람들이 자신의 재능을 모른다. 스스로 재능을 알아차리기란 쉽지 않기 때문이다. 거북이가 자신의 껍질이 얼마나 아름다운지 볼 수 있을 만큼 충분히 고개를 밖으로 빼서 돌아볼 수 없듯, 우리도 자신의 아름다움을 쉽게 깨닫지 못한다.

자신의 재능을 파악하는 데 한 가지 걸림돌은 문화 지도이다. 세계 많은 나라에서, 자신이 장점을 강조하는 태도를 꺼린다. 거만하거나 잘난 체한다고 여기기 때문이다. 이런 사고방식을 극복하기 위한 최선의 방법은, 다른 사람이 가진 재능이 무엇인지 파악하는 것에서 시작된다. 식당에서 좋은 서비스를 받을 때, 누군가 스포츠나 예술에서 두각을 나타내는 모습을 볼 때, 직장 동료나 동급생이 특정 분야에서 재능을 보일 때, 그들의 재능이 무엇인지 곰곰이 헤아려보라. 그리고 적절하다고 판단되면 당신이 무엇을 발견했는지 그들에게 알려주라.

이처럼 당신이 다른 사람에게 그의 나침반이 어디를 가리키고 있는지 알아차릴 기회를 주면, 그들은 자신에게 잠재된 재능을 따를 것인지 결정해야 한다. 어쩌면 은연중에 인생의 터닝 포인트가 될 수도 있다. 때로 누군가가 당신의 재능을 인지하고 알려주는 이 단순한 행동이 당신의 인생을 송두리째 뒤바꾸기도 한다.

다른 사람, 특히 존경할 만한 스승이나 선배, 상사, 오래된 친구, 동료에게서 당신의 재능이 무엇인지 들을 수 있다면, 당신이 갖고 있는 고유한 재능을 분명하게 알 수 있는 훌륭한 기회가 될 것이다. 하지만 불행히도 이런 일은 대다수 사람들에게 일어나지 않는다. 나는 강연할 때, 청중 가운데 타인이 자신의 재능을 알아차리고 알려준 적이 있는지 알아보는 질문을 자주 던진다. 그러나 그런 강력한 운명의 순간을 경험했다고 손 들어 대답하는 사람은 겨우 5퍼센트에 지나지 않는다.

자신에게 어떤 재능이 있는지 물어보는 것은 절대 창피한 일은 아니다. 언젠가 나는 친구와 은사, 동료, 선배 등 총 열 명에게 이메일을 보내 내게 잠재된 고유한 자질이나 능력을 간파한 적이 있는지, 있다면 무엇인지 가급적 자세히 써달라고 부탁했다. 내 잘못이나 발전 사항에 대한 엄밀한 분석을 요구한 것이 아니다. 나를 알고 있는 다양한 사람들이 내게 어떤 재능이 있다고 생각하는지 알고 싶었을 뿐이다. 그들 가운데 일부는 익명으로 회신하겠다고 했다.

그래서 이들 모두가 알고 있는 한 친구에게 부탁해 회신을 모아서 이름을 기재하지 말고 내게 전송해달라고 부탁했다. 만약 당신이 천부적인 재능에 맞춰 삶의 방향을 맞춰 나가기로 마음먹었다면 나침반이 어디를 가리키고 있는지 알아내는 첫 단계로 이 방법을 추천한다.

하지만 자신의 운명을 다른 사람이 알려주기만 기다리며 허송세월하는 것은 어리석은 일일지도 모른다. 자신의 운명을 알기 위해 스스로 성찰하기보다는, 남이 어떻게 생각하는지에 연연하는 사람들이 너무나 많다. 결국 자신의 나침반을 찾고 따르기 위해 재능을 발견하는 일은 자신의 책임이다.

타인의 재능을 발견하는 능력을 개발하면 자신의 능력을 간파하는 눈도 예리해진다. 남을 관찰하듯 자신이 어디서 언제 성공하는지 관찰하라. 어떤 형태의 성공이라도 당신의 운명과 그를 가리키는 나침반의 단서가 된다. 인생에서 성공적이라 느꼈던 어떤 경험이라도 기억해보라. 학창시절 훌륭한 성적을 거두었을 때, 연극에 참여해 스타가 되었을 때, 운동 경기에서 멋지게 이겼을 때, 새로운 임무나 과제를 맡아 완전 새로운 분야에서 성공할 수 있는 능력이 있음을 갑자기 깨달은 적이 있지 않은가?

어린 시절에 재능이 드러났는데도 부모나 선생이 이를 알아채지 못하거나 오해하고 넘어가는 경우도 있다. 일례로 당신이 일곱 살에 피아노를 배웠는데 또래 아이들보다 연주를 훨씬 잘했다고 생각해보자. 그런데 갑작스레 이사를 갔다거나 피치 못할 사정이 있어 교습을 그만두어야 했을지 모른다. 하지만 피아노를 잘 쳤던 기억을 갖고 있다면 그 특별했던 성공을 기록하라.

가급적 많은 예를 기록하여 긴 목록을 만들라. 지금 현재 특히 잘하고 있는 일도 찾아내 적어보라. 친구나 가족을 위해 음식을 맛있게 만들 수 있다면 목록에 기록하라. 내일 오후, 문제가 있는 친구의 사정을 듣고 그에게 도움을 줄 수 있다면 그것도 추가하라. 다음 달, 직장 동료보다 보험, 컴퓨터 등 어떤 상품이든지 더 많이 팔 수 있다면 그 역시 추가하라. 성공 목록이 더 길고 다양할수록 당신이 가진 고유의 재능을 찾아 분류해내기 쉽다.

당신의 재능에 이름을 붙여보라. 구체적일수록 좋다. 어쩌면 당신은 과거의 성공들을 분석해 스스로 '창의적'이라고 결론지었을지 모른다. 그러나 '어떻게' 창의적인지 표현할 수 있다면 옳은 방향으로 더 빨리 이동이 가능하다. 만약 '압박감을 느끼는 상황에서도 창의적으로 생각할 수 있는 능력'이라고 쓸 수 있다면 단순히 "나는 창의적이다"라고 말하는 것보다 재능을 더 구체적으로 기술했다고 할 수 있다.

선천적 능력과 주어진 상황을 혼동하지 말라. 당신이 학창시절 역사 과목에서 매우 좋은 성적을 보였다고 가정해보자. 하지만 정작 당신은 그 과목을 좋아하지 않았다. 스스로 역사에 재능이 있다고 생각하지 않으며 오히려 역사를 지루해한다. 하지만 시험 때문에 열심히 암기하고 공부했기에 점수가 높았던 것이다. 그렇다면 이런 상황에서 당신의 재능은 소위 '끈기', '결단력' 또는 '뛰어난 기억력'이라고 이름 붙일 수 있다. 이들 모두 매우 긍정적인 재능이며 당신의 성공에 큰 도움이 될 것이다. 하지만 끈기나 기억력은 성격상의 이점이거나 기질일 뿐, 당신이 역사에 재능이 있다는 뜻은 아니다. 즉 당신은 '끈기', '결단력', '사실과 날짜를 기억하는 요령'에 뛰어나다고 할 수 있다.

재능을 발견하는 또 다른 좋은 방법은 새로운 일을 시도하는 것이다. 매력을 느끼거나 자석처럼 이끌리는 새로운 활동을 시도해보라. 특별한 매력을 느끼지 않더라도 그저 시도해 보기 위해 새로운 일을 하는 것도 좋다. 실제로 해보기 전에는 호감이나 재능이 발견되지 않을 수 있기 때문이다.

스물한 살인 내 아들은 최근 생일에 2인승 소형 경비행기 시승 상품을 선물로 받았다. 밴쿠버 아일랜드의 아름다운 산과 해변 위로 날아보는 짧은 비행이지만, 단순한 관광용 비행이 아니라 베테랑 조종사의 배석 하에 짧게나마 직접 비행기를 조종해 볼 수 있는 흥미로운 상품이었다. 이전에 스피릿은 비행기 조종에 전혀 관심을 보이지 않았다. 하지만 선물 봉투를 열고 뭘 받았는지 살펴보는 녀석의 눈은 반짝였다. 매력을 느낀다는 표정이었다. 내 아들이 비행기 조종에 숨겨진 재능이 있을지 누가 알겠는가. 도전해보기 전까지는 자신도 모를 것이다.

매달 전혀 새로운 것에 도전해 볼 가치가 있다. 우리 대부분은 인생의 지도에 갇혀 있고 매일 똑같은 일정과 업무를 반복하고 있다. 자신을 전혀 다른 도전에 되도록 많이 노출시켜 보라. 그렇게 하면 당신만의 재능이 무엇인지 알 수 있는 기회가 생긴다.

마지막으로, 새로이 발견한 재능과 선천적인 능력을 길게 나열해 목록을 작성하면, 어떤 분야에서 당신이 다른 사람보다 뛰어난지 알게 될 것이다. 그중 가장 뛰어난 분야를 찾아내고 재능을 더욱 개발할 수 있다. 그 표를 가지고 해야 할 또 하나의 중요한 일이 있다. 당신이 잠재력을 갖고 있는 서로 다른 활동과 영역 사이에 어떤 주제와 패턴, 유사점이 있는지 살펴보라. 당신의 특별한 능력 사이에 일정하고 반복적으로 나타나는 주제를 찾을 수 있다면, 그것이 바로 당신이 따라 가야 할 나침반의 방향이다.

재능을 찾으려 노력할 때, 직업으로 활용할 수 있는 실용성만 따지지 말라. 우리의 재능 대부분은 거의 개발되어 있지 않아서 일터나 학교에서 쉽게 나타나지 않는다. 당신의 선천적인 재능이 무엇인지 직업이나 학업의 영역 너머로 멀리 보라. 그래야 당신의 재능에 걸맞은 자리를 어떻게 찾아야 할지 볼 수 있다.

가장 큰
영향력을 끼칠 수 있는 곳에
재능을 투자하라

대모거북은 많은 시간을 산호로 뒤덮인 암초 주변에서 보낸다. 해면이 종종 산호와 동일한 서식지에 있기 때문이다. 최근까지 대모거북과 산호초 그리고 해면의 관계에 대해 알려진 바가 거의 없었다. 근래 연구에 따르면 해면이 산호와 경쟁하고 있으며, 견제되지 않으면 산호초를 장악하여 파괴할 수 있다고 한다.

대모거북은 독특한 식습관으로 인해 해면 군락을 견제하고 미묘한 산호초의 생태계 균형을 유지시킨다. 산호초의 숫자는 50년에 걸쳐 크게 감소했다고 알려져 있는데 이는 대모거북의 개체 수 감소와 비례한다. 바다거북이 살아 있는 예술품일 뿐 아니라 산호초의 아름다움을 유지하는 데 도움이 되었기 때문이다. 대모거북은 생존을 위한 환경을 찾았을 뿐 아니라 자기의 독특한 재능이 가장 큰 도움이 되는 장소를 찾은 것이다.

이는 우리도 평생에 걸쳐 해야 하는 작업이다. 자신의 고유한 재능을 더 많이 찾기 위해 노력해야 한다. 당신이 재능을 갖고 태어났다 하더라도 일부는 수십 년간 나타나지 않는다. 일단 발견한다 해도 그 재능은 날것이고 전혀 개발되지 않았기에 훈련하고 갈고 닦아 완벽해지도록 만들어야 한다. 궁극적으로 가장 중요한 것은, 당신의 재능을 세상에 보여줄 가장 적합한 장소와 기회, 혹은 상황을 찾는 일이다. 당신의 재능이 잘 발휘되는 완벽한 상황은 대모거북과 산호초에 비교할 수 있다. 재능은 당신을 "먹여 살릴" 뿐 아니라 다른 사람들에게 매우 큰 영향력을 발휘하기도 한다.

당신의 재능을 사용할 최선의 상황을 찾는 방법은 많다. 때로는 시행착오가 적절한 방법일 수 있다. 자신의 일을 할 수 있는 새롭거나 다른 곳을 계속 찾으라. 또 어떤 때는 운이나 운명처럼 뜬금없이, 예기치 못한 기회가 오기도 한다. 그럴 때는 보금자리를 박차고 떠나라. 당신이 거쳐 온 상황이 당신의 재능을 키우고 자라도록 도왔지만, 성장을 지속하기 위해서는 떠나서 도전해야 하고 당신의 타고난 재능을 요구하는 새로운 환경을 찾아야 한다.

영향력은 단지 양의 문제가 아니다. 내게는 훌륭한 교사인 친구가 있다. 그녀는 대학에서 수백 명의 대학생들을 상대로 강연을 하며 편히 살 수 있었다. 하지만 그녀는 중범죄자들이 수감되어 있는 형무소에서, 수년간 아니 어쩌면 여생을 철창 안에 갇혀 있을 여성들을 교육하는 길을 선택했다. 그녀는 더 나은 위치에 있는 사람들 다수를 교육하는 것보다는 상대적으로 낮은 위치에 있는 소수의 죄수들을 교육하면서 변화를 이끌어내는 데 더 많은 재능과 영향력을 가지고 있다.

산호초에 있는 대모거북에게 어떤 일이 일어나는지 다시 생각해 보자. 거북이는 해면을 먹으면서 산호만큼 이익을 얻는다. 다른 말로 하면 적재적소에서 재능을 활용하면 당신에게도 유익한 영향을 준다. 세상에 재능을 드러내고 전달하는 일은 다른 사람을 이롭게 할 뿐 아니라 자신에게도 이롭다.

이런 일이 일어나면 에너지 고리가 생긴다. 당신이 가장 큰 영향력을 발휘할 수 있는 곳에서 재능을 발휘하면 당신이 내뿜은 에너지는 다시 고리 모양으로 당신에게 되돌아간다. 내 경우를 예로 들어보겠다. 나는 졸려하고 지루해하며 관심을 보이지 않는 청중을 대상으로 강연할 때가 있는가 하면, 흥미롭게 집중하는 청중 앞에서 강연할 때도 있다. 연사로서 지치고 기운 없는 청중들은 사실 상대하고 싶지 않다. 하지만 호기심 많고 열중하는 청중 앞에 서면, 더욱 열심히 열정적으로 강연하게 된다. 바로 그 자리가 내게 잘 맞기 때문이다. 청중은 내 강연을 즐기고 있고 그 에너지는 고리 모양으로 되돌아와 마치 해면을 먹는 대모거북처럼 자양분이 된다. 제대로 된 환경에서 재능을 보여주면 그를 비롯한 모든 사람이 이득을 본다.

부모가 아이의 독특한 재능을 찾고 개발하도록 돕는 일은 매우 당연하지만, 주의해야 할 부분도 있다. 부모는 무엇보다 아이를 안전하게 지켜야 한다. 아이가 위험할 수 있는 일에 재능을 보인다면 부모는 아이를 좀 더 안전한 방향으로 이끌도록 노력해야 한다. 하지만 당신의 딸이 역사상 가장 훌륭한 여성 산악인이 될 운명이라면 어떡하겠는가? 그렇게 위험한 운명을 따르도록 격려할 수만 있겠는가?

또 다른 문제는 부모의 '살아보지 못한 인생'이 자식을 바라보는 시각에 영향을 줄 수 있다는 점이다. 과거에 자신이 재능을 발굴하고 개발하지 못해 이루지 못한 꿈 때문에, 설령 자녀에게 그런 재능이 없더라도, 대리 만족을 위해 자녀의 인생을 휘두르고 싶어 하는 욕구 말이다.

나는 태어날 때 몸무게가 4.5킬로그램이 넘는 우량아였다. 재능 있는 운동선수였지만 프로선수로 활동하지 못했던 내 아버지는 당신 대신 내가 미식축구의 차세대 슈퍼스타가 되길 간절히 원했다. 내가 태어난 지 하루 만에 아버지는 나의 재능과 운명을 결정했다. 그러나 내 몸무게는 65킬로그램을 넘어본 적이 없었다. 다른 친구들이 거의 내 두 배만큼 성장했던 십대 시절, 나는 두말할 필요 없이 미식축구를 그만두었다. 그러고는 댄스 수업을 받기 시작했다.

스승, 코치, 선배, 삼촌, 이모나 고모, 상사, 할아버지 등 부모는 아니지만 존경받을 위치에 있는 사람이라면 누구든지 재능을 더 잘 간파하고 알려줄 수 있다. 어쩌면 부모가 아니기에, 자신이 바라거나 존재하기를 원하는 재능이 아니라, 실제로 아이에게 있는 재능을 더욱 정확히 볼 수 있다.

부모는 스스로 자신의 재능을 발견하고 이를 나침반 삼아 따라가는 모습을 보여줌으로써 아이들을 도울 수 있다. 당신이 고유한 재능을 이용해 뭔가 이루어낼 수 있는 분야에서 능력을 개발하고 활용하는 모습을 아이들이 볼 수 있게 하라.

부모로서 자녀가 하고 싶어 하는 일과 잘할 수 있다고 생각하는 일에 대해 격려하라. 가능하다면 언제든지 그들을 지지하고 좋아하는 일을 잘할 수 있을 거라고 힘을 북돋아주라. 그러나 단지 당신이 원하는 길을 강요하지 않도록 부단히 노력해야 한다. 부모가 되기 위한 가장 어렵고 중요한 일 가운데 하나는, 아이들이 스스로 재능을 발견하고 이를 나침반 삼아 자신의 운명을 사랑하고 따르도록 놓아주는 것이다.

내면 깊숙한 곳에 존재하는 나침반을 찾아내려면 눈높이를 낮추어야 한다. 일단 목적지를 접어두고 나면, 바로 눈앞에 있는 그 순간에 집중할 수 있다. 나침반 바늘은 우리가 여행 자체에 집중할 수 있도록 도와준다. 그리고 여행에 집중하면 우리 안의 나침반도 더 쉽게 찾을 수 있다. 장기적으로 볼 때, 거시적으로 생각할 때는 항상 목적지가 가장 중요한 요소로 작용하지만 가끔은 거기서 눈을 떼고 아래를 바라보는 행위가 필요하다.

예를 들어, 당신이 현재 경제적으로 심각한 어려움을 겪고 있다면 일단 채무 상태에서 벗어나는 것이 일차적인 목표가 될 것이다. 하지만 단시일에 이룰 수 있는 목표가 아니라면? 빚을 모두 갚는다는 목적을 달성할 때까지는 몇 년의 세월이 걸려야 한다면? 그러는 와중에 인생에서 꼭 필요한 많은 여행을 놓치게 될지도 모른다. 이는 커다란 비극이 아닐 수 없다. 일단 목적지를 접어두고 나면, 매일 수입의 범위 내에서 적당히 지출하고, 버는 것 이상 쓰지 않으려고 노력하게 된다. 사실 바로 그것이 당신의 나침반 바늘이 될 수 있다.

또는 눈높이를 낮추어 수준에 맞는 생활을 하면 인생을 사는 데 있어서 돈이 아닌 다른 종류의 풍요로움을 맛볼 수 있는 새롭고 더 심오한 나침반을 발견하게 된다. 그러한 나침반 바늘을 따르면 어떻게 될까? 비금전적인 풍요함을 맛보면, 가장 중요한 관계를 가꾸고 자기 주변을 둘러싼 세상의 아름다움을 보며 창의성을 충분히 발휘할 수 있게 된다. 이러한 나침반 바늘이 있으면 아직 빚을 다 갚지 못한 상황일지라도 백만장자보다 훨씬 더 풍요로운 삶을 누릴 수 있을 것이다.

목표를 갖는 것 자체는 전혀 잘못이 아니다. 오히려 권장할 일이다. 문제는 산꼭대기 이외의 다른 것이 눈에 들어오지 않는다는 사실이다. 심각한 위기 상황이면 빚을 청산하는 것이 정말 중요할 것이다. 그러나 최종 결과를 유념해서 생각하지 않으면 새로운 무언가가 등장한다. 이럴 때 조심하지 않으면 그것조차 또 다른 목표 또는 또 다른 계획이 되고 만다. 따라서 우리는 바로 눈앞에 있는 것

외에는 아무것도 중요하지 않은 지금 현재에 모든 주의를 집중해야
만 한다. 이것은 대부분의 사람들이 살아가는 방법에 있어서 엄청
난 변화를 의미하며, 우리를 인도해 줄 의미 있는 나침반 바늘이 되
어줄 수 있다.

　우리는 변화에 놓여 있지 않을 때도, 나침반 바늘을 찾고 있지 않
을 때도, 눈높이 낮추기를 실행해 행복한 하루하루를 충분히 만끽
할 수 있다. 매일 지금 이 순간을 완벽하게 충실히 살아가고 즐긴다
면 어떨까? 셔츠를 다리건, 회사로 출근하는 길이건, 딸아이와 노는
순간이건, 세탁기에서 막 세탁한 옷을 꺼내고 있는 중이건, 그 순간
하고 있는 일이 가장 중요한 것이라면 어떨까? 이런 자세로 산다고
해야 할 일들이 사라지는 것은 아니지만, 다음에 해야 할 일이 아
닌, 바로 눈앞에 있는 일에 모든 주의를 기울이는 것이다. 그렇게
된다면 미래를 향해 돌진하는 가운데에서도 현재의 충만함을 잃지
않을 수 있다.

　이렇듯 현재에 집중하는 것이 바로 인생을 여행하는 마음 자세이

며 그 덕분에 우리의 여행이 더 풍요로워진다. 아마 그래서 투아레
그족 언어인 타마셰크어에는 '내일'을 의미하는 단어가 없는 것인지
도 모르겠다.

둥지 떠나기

마음이 이끄는 대로 따라가기

잘할 수 있는 일을 찾아내어 행하기

실수를 두려워하지 않기

깊이 잠수하기

집으로 돌아오기

붉은바다거북Loggerhead은 여러 종류의 바다거북 중에서 덩치가 큰 편이다. 푸른바다거북과 크기가 비슷하며 몸무게가 200킬로그램까지 나가기도 한다. 게, 조개, 소라고둥처럼 딱딱한 껍질에 싸인 먹이를 부술 때 사용하는 강한 턱과 큰 머리를 가지고 있어서 그 이름(영문명: 큰머리바다거북 - 옮긴이)을 얻었다.

붉은바다거북은 바다거북 가운데 가장 잘 알려져 있고, 제일 연구가 많이 되어 있는 종이다. 과학자들은 느릿느릿하게 움직이는 이 덩치 큰 생물 덕분에 바다거북에 관한 많은 정보를 얻었다. 그중 하나는 암컷 붉은바다거북이 알을 낳을 때 가까이 가서는 안 된다는 사실이다. 다른 종과 달리 붉은바다거북은 산란 중 과학자들이 알의 크기를 재거나 개수를 세려고 다가가면 강한 턱으로 물려고 덤벼든다. 이런 고약한 행동 덕분에 붉은바다거북은 푸른바다거북이나 장수거북이 산란할 때 둥지에서 알을 퍼가는 파렴치한 밀렵꾼들로부터 많은 알을 지켜낼 수 있었다.

다른 바다거북과 마찬가지로 붉은바다거북도 생존을 위한 고유한 재주를 갖고 있다. 반면 불리해 보이는 특이 습성도 있다. 붉은바다거북의 등에는 게, 따개비 같은 100종 이상의 해양 생물들이 올라타 더부살이를 한다. 달갑지 않은 이들 외에도 최소 37종의 해조류들이 등딱지에 붙어 산다. 이런 군식구들은 붉은바다거북이 헤엄칠 때 저항을 발생시키는 등 부담을 준다. 과학자들은 붉은바다거북이 움직이는 암초 역할을 하면서 얻는 이익이 무엇인지 설명하지 못한다. 단순히 진화 과정에서 생긴 실수로 보인다.

바다거북 종을 개별적으로 놓고 봐도 그들은 많은 실수를 저지른다. 내가 플로리다 해변에서 부화과정을 지켜 본 붉은바다거북도 태어나자마자 실수를 저질렀다. 안전한 바다가 아니라 해변을 따라 난 고속도로를 향해 잘못된 방향으로 기어갔다. 이는 생존에 치명적인 실수이다. 장수거북은 종종 비닐봉지를 자신들의 먹이인 해파리로 착각하고 삼켜버린다. 이런 행동 역시 매우 위험하다.

항해상의 실수나 거센 해류로 인해 바다거북은 먹이 서식지나 둥지에서 수천 킬로미터 떨어진 곳으로 이동하기도 한다. 가끔 카리브 해의 따뜻한 물에서 사는 바다거북이 영국 앞바다에서 발견된다. 어디선가 방향을 잘못 틀거나 결정을 잘못 내리면 멕시코 만류에 휩쓸려 난처한 상황에 처하고 만다. 우리는 바다거북이 일생 동안 자신의 나침반을 따르려고 노력하면서 저지르는 실수를 그저 상상할 따름이다.

그럼에도 불구하고 매년 바다거북들은 자신이 저지른 실수뿐만 아니라 위험천만한 인간의 포획에서도 살아남아 전 세계 곳곳의 서식지로 되돌아온다. 바다거북과 그 조상은 오랫동안 실수를 해왔고 또 극복해왔다. 그들은 공룡시대 이전부터 이곳에 존재했고, 엄청난 위험에 부딪히고 수많은 실수를 했는데도 여전히 여기 존재하고 있다.

길잡이가 되어 줄 부모도 없이 오로지 나침반만 따라가야 하는 긴 여행에서 많은 문제가 발생하는 것은 당연하다. 만약 바다거북이 인간처럼 생각할 수 있다면, 자신들의 실수로 일어날 위험을 알면서도 둥지를 떠나지는 않을 것이다. 그러나 그런 위험을 모르기 때문에 거북은 바다로 뛰어들고 운명적 삶을 살면서 실수를 저지르기 시작한다. 우리도 실수에 대한 두려움을 덜 느낀다면 삶이라는 여행을 온전히 받아들일 수 있다.

운명의 여행에서 실수는 꼭 필요하다. 우리는 엉뚱한 방향으로 향하는 실수를 할 수 있다. 내면의 나침반 신호를 잘못 해석할 수도 있다. 둥지를 너무 빨리 혹은 너무 늦게 떠나기도 한다. 주어진 재능을 오해하거나 부적절한 상황에서 재능을 사용할 수도 있다. 저지를 수 있는 실수는 많다. 이 책을 읽는다고 해서 당신이 하게 될 실수가 줄어들지는 않는다. 사실 이 책에 나오는 내용을 따른다면 오히려 더 많은 실수를 하게 될 것이다.

　우리 부모님 친구 중에는 아코디언을 연주하는 폴란드 사람이 있었다. 와누차라는 이름의 그는 우리 집에서 열리는 파티에 종종 참석했다. 파티는 대부분 지루했지만 와누차가 아코디언을 연주하면 금세 활기를 띠었다. 그의 아코디언은 저녁 내내 앉아 술 마시고 이야기하느라 바쁘고 지친 어른들에게 마법을 부렸다. 폴카 음악으로 주문을 걸면 어른들도 흥겨워하며 춤을 추기 시작했다.

　나는 그 광경을 보기 위해 몰래 아래층으로 내려왔다가 결국 파티에 끼곤 했다. 다들 매우 신이 났기에 우리를 위층으로 쫓아내지 않았다. 집이 폴란드 무도장으로 바뀌면 아이들은 어른들과 함께 춤을 추고 개는 이리저리 뛰어다녔다. 나는 와누차씨가 연주하던 낯설지만 아름다운 악기에 반해버렸다. 그의 손가락이 마치 심장과 눈을 가진 것처럼 오가던, 여러 줄의 작은 건반들을 뚫어지게 쳐다보았다. 언젠가는 나도 아코디언을 연주하리라 생각했다.

　결국 나는 쉰세 살에 개인 교습을 받기 시작했다. 마침내 따른 평생의 끌림이 나를 어디로 데려갈지 궁금했다. 정규 음악교육은 십대 시절 이후 처음으로 받았다. 여기저기를 다니며 강연해야 했기에 매일 연습하기는 어려웠다. 아코디언은 비행기에 들고 타기엔 너무 무겁고 부서지기 쉬워서, 출장 때면 2주 혹은 3주, 심할 땐 6주 동안이나 연습을 못했다. 그렇게 일 년을 배우고 나서야 겨우 노래 한 곡을 연주할 수 있었다. 사실 그마저도 뛰어나게 잘하진 못했다. 아코디언 강사 앞에서 연주할 때도 늘 긴장했다. 실수할지 모른다는 두려움 때문에 더 많이 실수했다.

사람들 앞에서 자신 있게 멋진 연주를 하는 날은 영원히 오지 않을 것 같았다. 당시 나는 밴쿠버 인근에서 열리는 회계사 회의에서 400명에게 강연하기로 되어 있었다. 나는 아코디언을 가지고 연주할 수 있는 유일한 곡을 그들에게 들려주기 위해 직접 차를 몰고 가기로 마음먹었다. 비록 내 연주를 들은 사람의 수는 기껏해야 두 명에 불과했지만 말이다.

호기롭게 결정했지만 분명 무대에서 일어날 수 있는 난처한 상황에 겁을 잔뜩 먹은 상태였다. 살면서 어려운 일도 많았고 위험도 겪었으며 더 큰 모험도 저질렀지만, 400명의 남녀 청중 앞에서 어깨 위로 아코디언 끈을 걸치는 내 손은 땀에 젖은 채 떨리고 있었다.

그렇게 많은 청중 앞에서 연주해야 한다는 부담감 때문에 오히려 더 열심히 연습했던 것 같다. 그래서 나는 언제나 사람들에게 모험을 받아들이고 열정을 좇아 겁이 나서 망설이던 일도 시도해보라고 권한다. 그리고 누군가가 꽤 어리석어 보이거나 아니면 적어도 서툴고 불안한 일을 하려 할 때 내가 본보기가 되는 것도 가치 있는 일이라고 생각했다. 무엇보다도 나는 나침반을 따르다가 실수했을 때 스스로 좀 더 편안해지길 원했다.

아코디언 연주가 내 운명의 일부인지는 모르겠다. 하지만 내가 항상 이 악기를 연주하고 싶어 했다는 사실만은 확실하다. 좋아하는 노래 몇 곡 정도를 배울 만한 음악적 재능은 내게도 충분하다고 믿는다. 아무도 내게 전문가의 연주를 기대하지 않았기 때문에 청중 앞에서 연주할 수 있었다. 그래서 나는 그렇게 했다. 400명의 회계사들 앞에서 아코디언을 연주한 것이다. 게다가 연주 도중에 엄청난 실수도 했다. 하지만 그날 나는 매우 중요한 사실을 배웠다. 아코디언 연주 중간에 하는 실수는 전혀 치명적이지 않다는 사실을.

치명적인
실수만
피하면 된다

실수에 있어 인간과 바다거북 사이에는 두 가지 중요한 차이점이 있다. 첫째, 인간이 하는 대부분의 실수는 치명적이지 않다. 그런데도 우리는 마치 모든 실수가 인생을 대가로 치러야 하는 것인 양 실수를 두려워한다.

둘째, 바다거북과 달리 우리는 실수를 미리 알고 대비할 수 있다. 그래서 우리는 잘못을 저지르지 않기 위해 많은 시간과 노력을 들인다. 그러나 내면의 나침반을 따르려면 바다거북처럼 실수를 하더라도 모험을 감행해야 한다.

내면의 나침반을 따르면서 저지르는 실수는 대부분 위험하지 않다. 우리는 그저 실수할까 겁먹고, 완벽하게 해내지 못할까 걱정한다. 하지만 완전한 삶, 즉 완벽에 가까워진다는 것은 잠재력을 개발하고 재능을 적재적소에 사용하며, 타인의 지도가 아닌 자신만의 나침반을 따르는 삶을 의미한다. 그리고 이러한 형태의 완벽은 오직 실수를 통해서만 실현된다.

그러기 위해서는 동시에 두 세계의 삶을 살아야 한다. 하나의 세계에서 당신은 가능한 적게 실수하여 성적을 잘 받거나 높은 성과를 내는 등 타인의 기대에 부응하려 노력해야 한다. 그러나 또 다른 세계에서는 둥지를 떠나 끌림을 따르고 숨겨진 재능을 발견하며 운명적 삶을 살기 위해 불확실한 상황을 경험할 준비가 되어 있어야 한다. 이때 실수는 당신만의 길을 찾는 데 도움이 된다. 실수가 나침반이 되는 셈이다. 실수는 당신이 가야 할 길과 가지 말아야 할 길을 알려준다. 인생을 바르게 여행할 수 있는 방법을 가르쳐주기도 한다. 실수는 유익하고 힘을 주며, 꼭 필요하고 무엇보다 여간해서는 치명적이지 않다.

더 많이 실수하라. 내면의 나침반을 따라가다가 실수할 수도 있다는 점을 인정하라. 가슴에서 보내는 신호를 이해하고 내면 깊은 곳에서 이끄는 대로 삶을 살아가는 방법을 배우기란 쉽지 않다. 지도를 가진 사람은 아무도 없다. 경험을 통해 배워 나가기 때문에 실수하지 않을 수는 없다.

실수는
빨리 하는 것이
낫다

갓 부화한 새끼거북이 모래에서 빠져나와 바다로 가는 과정에서 얼마나 빠른 시간 내에 일이 잘못될 수 있는지 살펴보자. 실제로 어미 거북은 시작부터 일을 망쳐놓기도 한다. 만약 어미 거북이 바닷물이 들어오는 만조선 위에 알을 낳는다면 모래의 온도가 너무 낮아 알이 부화할 수 없다. 너무 얕게 둥지를 틀고 알을 낳으면 포식자들에게 금방 들켜 먹히고 만다. 반대로 알을 너무 깊게 묻으면 새끼들이 모래를 뚫고 밖으로 나오기 힘들어진다. 이렇듯 실수는 바다거북의 탄생 순간부터 삶의 일부가 된다.

우리도 마찬가지이다. 새로운 일을 시작하면 늘 문제에 부딪히기 마련이다. 특히 새로운 방향으로 가다가 곤란에 빠질지도 모른다는 두려움 때문에 앞으로 나가지 못할 때가 많다. 끌림이나 재능을 따르는 것이 중요한 만큼, 옳은 방향으로 향하기란 분명 두려운 일이기도 하다. 불확실한 상태에 대한 두려움으로 둥지에 갇혀 있다면 인생을 건너는 여행은 결코 시작될 수 없다. 해변을 떠나 새로운 여행을 시작할 때마다 실수를 피하려 하지 말고 오히려 실수를 예상해야 한다.

"해볼 만한 가치가 있는 일은 모두 잘할 가치가 있다"는 미국 속담이 있다. 이 속담의 영향으로 많은 사람들이 완벽히 해내지 못할까봐 두려워 자신의 나침반을 따르기를 포기하거나 주저한다.

나는 첫 책을 내고 싶다는 생각만으로 10년을 보내야 했다. 책이 실수로 가득할까 봐 겁이 났기 때문이다. 수십 년 전 고등학교를 졸업한 이후로 글을 써 본 적이 없었다. 그래서 작문 실력을 키우기 위해 학교로 다시 돌아가 창작 문예 수업을 듣겠다는 계획을 세웠다. 하지만 강의를 듣기 위해 시간을 내거나 노력도 하지 않았고, 책은커녕 글 한 편도 쓰지 못한 채 몇 년을 지냈다. 책을 제대로 쓰지 못하리라는 불안, 즉 완벽하지 못할 거라는 두려움 때문에 10년을 그냥 흘려보냈다.

그러던 어느 날 한 강의를 들었다. 강의가 끝난 후 나는 강사에게 책을 전혀 쓰지 못하겠다고 하소연했고, 그녀는 "해볼 만한 가치가 있는 일은 모두 잘하지 못할 가치가 있어요"라고 말했다. 나는 강사가 거꾸로 말한 부분을 바로잡았다. 그러자 그녀는 하고자 마음먹은 일이라면 처음에 서툴더라도 일단 시도하는 편이, 완벽하지 못할까 두려워 아예 안 하는 것보다 훨씬 낫다고 대답했다. 거꾸로 된 그 속담 덕분에 나는 내면의 나침반을 따르기 시작했고 첫 책을 쓸 수 있었다. 물론 책은 완벽하지 않았지만 세계적인 베스트셀러가 되었다. 만약 끌림을 따르고 재능을 찾으려면 항상 실수가 필요하다는 사실을 깨닫지 못했다면 나는 결코 책을 쓰지 못했을 것이다. 지금은 오히려 더 빨리 실수하려고 노력한다.

나는 윌리엄 스태퍼드William Stafford라는 시인을 좋아한다. 그는 성인이 된 후로 매일 한 편씩 시를 쓴 것으로 유명했다. 창작에 어려움을 겪은 한 젊은 시인이 스태퍼드에게 물었다. "어떻게 하면 그렇게 많은 시를 쓸 수 있습니까? 저는 단어 하나하나마다 혼신을 쏟으며 만족스런 시 한 편을 쓰는 데 몇 주가 걸립니다. 저보다 나이도 훨씬 많으시면서 어떻게 매일 시를 쓰실 수 있습니까?" 젊은 시인에게 스승은 이렇게 대답했다. "자네의 기준을 낮추게나."

50년 동안 윌리엄 스태퍼드는 약 22,000편의 시를 썼다. 과연 22,000편의 시가 전부 출간되었을까? 물론 그렇지는 않다. 하지만 그가 발표한 시는 현대 영시의 위대한 유산이 되었다. 만약 그가 젊은 제자에게 조언했던 대로 행하지 않았다면 이 위대한 시들은 존재하지 못했을 것이다. 스태퍼드는 실수를 두려워하지 않았다.

이 거꾸로 된 지혜는 인생을 변화시킨다. 하지만 언제, 어디서 이 반대논리를 적용할지 구체화시켜야 한다. 학교에서 시험을 보거나 직장에서 업무를 수행할 때 기준을 낮추라는 뜻이 아니다. 다른 사람들에게 책임을 져야 할 때는 최선을 다해야 한다. 여기서 말하는 책임이란 바로 우리 자신에 대한 것이다. 우리는 자신의 중심에서 나와 나침반을 향해 바깥으로 움직이며 가슴으로 느끼게 되는 마음 깊은 곳의 강렬한 열망, 신호, 외침에 귀 기울일 책임이 있다. 깊은 곳에서 말하는 운명을 어떻게든 따라야 하는 책임이 있다. 결국 지금 할 일이 무엇인지를 발견하기 위해 스스로 나아가야 할 의무가 있다. 우리가 나침반을 따르기 시작하면서 내딛는 운명을 향한 발걸음은 완벽할 리 없으며 언제나 실수가 있기 마련이다.

이렇게 전혀 다른 두 가지 책임을 혼동하지 말라. 이 두 책임은 종종 당신의 마음속에서 부딪히지 않고 공존할 수 있다. 그러나 어느 순간 자신만의 특별한 운명적 삶을 살 것인지, 아니면 타인의 기대에 따르는 삶을 살지를 놓고 한쪽을 선택해야만 하는 때가 분명 올 것이다. 운명에 책임을 지기로 결정했더라도 여전히 '실수는 위험하다'는 사고방식을 가지고 있을지도 모른다.

우리가 아주 어릴 적부터 "실수는 나쁘다"고 배운 것이 문제다. 실수를 저질러 벌을 받은 적도 있다. 이런 믿음 체계를 형성했기에 성인이 되어 앞으로 나아가려는 순간에도 "실수해서는 안 된다"는 믿음과 맞닥뜨리고 만다.

실수를 잘못된 일이라고 생각하는 부모, 교사, 상사의 목소리를 내면화할지도 모른다. 당신은 실수할 때마다 언제나 이 목소리를 듣고 자신을 못마땅하게 여길 수 있다. 나이가 들수록 실수를 탓할 다른 사람이 필요 없다. 우리는 이미 실수를 받아들이지 않는 권위의 목소리를 내면화했다. 이 권위의 목소리에 대응하려면 우리 내면 깊은 곳에서 나오는 또 다른 진짜 목소리에 귀 기울여야 한다. 그 목소리는 당신이 실수를 하든 말든 상관하지 않는다. 실수의 유무로 우리를 판단하지 않는다. 오히려 올바른 방향으로 향하기 위해서는 실수가 반드시 필요하다고 말해준다.

내면화된 권위의 목소리와 우리 자신의 깊은 곳에서 나오는 진짜 운명의 목소리를 구분하려면 시간과 연습이 필요하다. 진정한 목소리는 처음에는 매우 조용하게 말한다. 마치 속삭이는 듯하다. 사실 목소리를 알아채는 데 가장 좋은 순간이 바로 이때이다. 처음에는 스스로 못마땅하게 여기는 생각과 타인의 감정을 생각하다 놓쳐버릴 것이다. 하지만 더 크고 더 오래간다고 해서 반드시 옳고 좋은 것은 아니다. 진실의 목소리는 매우 조용히 속삭이고 있을지 모른다. 실수와 불확실함의 방향을 가리키는 당신 내부의 조용한 목소리에 귀 기울이라.

실수에서 기회를 발견하라

붉은바다거북은 태어난 후 첫 6~10년을 먼 바다에서 보낸다. 새끼바다거북들은 떠다니는 해조 뭉치 속에서 서식하는 다양한 동물과 곤충을 잡아먹으며 해류를 따라 떠다닌다. 어른 크기의 반 정도로 자라면 해안의 얕은 물로 이동한다. 여기서 그들은 일생 동안 주식이 될 큰 연체동물을 해저에서 사냥하기 시작한다. 불행히도 바다거북은 아주 중대하고 치명적인 실수를 또다시 저지르고 만다. 해저를 따라 그물을 끄는 저인망 어선, 특히 새우잡이 배의 직접적인 이동경로 안으로 들어가는 것이다.

새우잡이 저인망 어선은 오래전부터 바다거북들을 죽이는 주요 원인이었다. 과학자들은 현재까지 매년 새우잡이 저인망 어선의 그물에 걸려 죽는 붉은바다거북의 수가 미국 바다에서만 무려 5만 마리가 넘는다고 추산한다. 붉은바다거북은 새우와 마찬가지로 얕은 물에서 살기 때문에 특히 그물에 쉽게 걸린다. 물론 붉은바다거북뿐 아니라 모든 바다거북 종이 새우잡이 그물 때문에 생존의 위협을 겪는다.

그러나 작은 희망도 있다. 일부 국가에서 새우잡이 어선의 그물 끝에 거북배제장치(TED, Turtle Excluder Device)를 달아 사용하기 시작했다. TED는 거북을 비롯해 몸집이 큰 해양 생물들이 어망에서 무사히 빠져나갈 수 있도록 만들어 놓은 일종의 탈출구이다. 나는 바다거북이 급격히 좁아지는 어망 속으로 점점 더 깊이 헤엄쳐 들어가는 장면을 찍은 영상에서 이 훌륭한 장치를 보았다. 바다거북은 포획된 새우가 모여 있는 그물망의 끝 부분에 도달하기 직전에 금속 격자문에 부딪혀 옆으로 난 틈으로 빠져나갈 수 있다. 거북은 탈출하지만 새우는 그럴 수 없다.

새우잡이 저인망 어선이 없다면 바다거북에게 훨씬 더 안전한 세상이 될 것이다. 운명을 따르는 여행에서 실수하지 않을 수 있다면 그보다 좋을 수는 없다. 하지만 바다거북처럼 우리에게도 실수하고도 멀쩡하게, 어쩌면 실수하기 전보다 좋은 조건으로 탈출할 길은 있다.

실수를 벗어날 탈출구를 찾는다는 말은 책임을 회피하겠다는 의미가 아니다. 누군가에게 상처를 주거나 어떤 일에 실패했다면, 반드시 그 관계나 상황을 바로잡으려 노력해야 한다. 그러나 만약 이 것이 실수에 대한 유일한 반응이라면 우리는 여전히 그물에 걸려 있는 거북과 같다. 문화라는 지도에 갇혀 있기 때문에 우리는 실수 했을 때 부끄러워하고 당황한다.

나는 실수가 변화, 학습, 성장, 명확한 방향 전환을 위한 절호의 기회라고 믿는다. 실수의 긍정적 측면을 경험한 사람은 두려워하지 않고 내면의 나침반을 더욱 잘 따라간다. 나는 아들의 축구 경기를 보면서 실수의 이런 놀라운 유익을 발견했다.

스피릿은 재능 있는 축구 선수이다. 나는 스피릿이 어렸을 적부 터 그의 경기를 즐겨 보았다. 청년이 된 스피릿은 경쟁이 치열한 남 성 리그에서 뛰고 있다. 일요일 오후 아들의 경기를 보러 가는 일은 내가 가장 좋아하는 일이다. 스피릿은 항상 축구를 사랑했고 축구 는 그의 운명과 연결된 나침반 방향임이 분명해 보인다. 아직 나침 반의 방향이 어디를 향하는지는 정확히 알 수 없다. 어쩌면 스피릿 은 프로 선수가 되지 않을지도 모른다. 운명이 항상 직업과 연결되 진 않기 때문이다. 순수하게 좋아하는 마음으로 일할 때 당신이 느 끼는 기쁨은 다른 이들에게도 고스란히 전해진다. 스피릿의 즐거움 이 나의 즐거움이고 분명히 팀 동료들과 코치들도 그와 한 팀임을 기뻐할 것이다.

스피릿은 특히 패스를 잘한다. 경기의 흐름을 읽고 정확한 시점 에 적합한 선수에게 공을 보낸다. 그러나 몇 년 전 나는 가끔 아들이 공을 직접 몰고 앞으로 나가는 것이 훨씬 좋은 순간에도 패스한다는 사실을 발견했다. 혼자 공을 몰고 나가면 위험부담이 크다. 수비수가 공을 뺏는다면 그의 실책으로 보일 수도 있다. 나는 스피릿이 실수를 피하기 위해 공을 패스하는 것이 아닌가 생각했다.

그래서 스피릿에게 가끔은 패스하지 말고 공을 직접 몰고 나가라고 권했다. 그러자 처음에는 상대에게 금세 공을 뺏기고 말았다. 실수한 것이다. 그러나 공을 빼앗기자 약이 오른 스피릿은 다시 공을 되찾기 위해 더욱 분발하는 모습을 보였다. 오히려 처음보다 더 열심히 노력했다. 그 순간 나는 실수가 가진 무한한 힘, 즉 실수는 에너지를 품고 있으며 거기서 방출된 에너지는 긍정적인 기회를 제공한다는 사실을 깨달았다.

아마 당신도 이런 생각을 한 적이 있을 것이다. 우리는 실수를 저지르면 돌이키고 회복하려 노력한다. 처음부터 아예 실수를 하지 않으려고 너무 많은 에너지를 낭비한다. 하지만 실수하고, 그 에너지를 이용해 옳은 방향으로 더 멀리 나가면서 내면의 나침반을 따라야 한다.

나는 400명 청중 앞에서 아코디언을 연주하다가 실수한 이후로 전보다 더욱 열심히 연습한다. 지난 몇 주 동안 나는 스피릿이 축구 경기 중에 수비수에게 공을 뺏기지 않으려고 더 열심히 드리블하며 나가는 모습을 지켜보았다. 실수는 고통을 주는 그물이나 장애물이 아니다. 여행의 정상 궤도에 오를 수 있는 추진 로켓이다. 실수 후 발생한 에너지가 새로 솟아나는 것을 느꼈던 때를 생각해보자. 필시 그 에너지는 당신이 저지른 잘못을 바로잡거나 실망시킨 사람들의 기분을 풀어주는 데 쓰였을 것이다. 그 또한 중요한 일이다. 그러나 실수로 인한 에너지를 당신이 선택한 다른 쪽으로 향하게 할 수 있다는 사실도 알아야 한다. 실수로 발생한 에너지를 다른 방식으로 사용할 수 있다고 생각해보라. 잘못된 것을 바로잡으려는 노력 외에 에너지를 사용할 다른 일을 상상해보라.

실수에서 얻은 에너지를 자신이나 타인을 더 잘 이해하는 데도 이용할 수 있다. 재능을 따라가려 할 때 실수는 당신의 재능이 무엇인지, 언제 어디서 그 특별한 능력을 사용해야 할지 명백히 알려줄 것이다. 당신이 둥지를 떠나려 할 때, 실수는 더 성공적인 세상으로 나갈 수 있는 정확한 시점을 가르쳐준다. 우리가 인내하고 호기심을 가지며 긍정적인 방향으로 에너지를 돌리고자 노력한다면 어떤 실수라도 더 새롭고 나아질 수 있는 기회가 된다는 사실을 기억하는 것이 그 비결이다.

프로 야구 선수가 되려고 농구를 그만둔 마이클 조던의 실수를 떠올려보자. 마이클 조던이 운동선수로서 얼마나 천부적인 재능을 가지고 있었는지는 차치하고, 나는 그의 실수가 얼마나 많은 에너지를 만들어냈는지 궁금하다. 그가 실수하지 않았더라도 시카고 불스 팀을 다시 세 번이나 우승으로 이끌 수 있었을까? 누구도 확신할 수는 없겠지만, 나는 그의 실수가 미래의 성공을 이끈 새로운 원동

력과 많은 관련이 있다고 본다.

실수는 우리가 내면의 나침반을 알고 있는지, 잘 따라가고 있는지를 알려주는 측정 장치이자 피드백이다. 나는 외국어를 좋아한다. 내 꿈은 언젠가 10개 국어를 하는 것이다. 외국 친구들과 그 나라 말로 대화하려 노력하고, 잘못된 부분은 지적해달라고 부탁한다. 모르는 단어가 있으면 의미를 추측하고 정확한 뜻을 물어본다. 파리나 서울에 있을 때 나는 하루에 얼마나 실수를 적게 했는지가 아니라 얼마나 많이 실수했는지에 따라 성공여부를 가늠한다. 나는 내 전문 분야가 아닌 사업을 시작했고, 나보다 더 그 일에 문외한인 직원도 한 명 고용했다. 직원과 내가 저지르는 실수는 도로의 커브와 같다. 커브에 부딪히면 우리는 길을 이탈했다는 사실을 알고 새 사업의 방향을 재조정한다.

바다거북의 세계에서는 실수가 많으면 치명적이다. 그래서 한 마리의 거북이 한 둥지에 100개 이상의 알을 낳는다. 무사히 어른으로 자라는 새끼거북은 수많은 실수를 하고 그것을 통해 배운다. 생식활동이 가능할 정도로 자란 영리한 거북은 자신들의 DNA를 후세에 전한다. 인간인 우리는 실수에서 살아남을 필요는 없지만, 실수에 대한 두려움을 극복해야 한다.

우리가 저지르는 실수는 대부분 치명적이지 않다. 그러나 만약 실수를 두려워하다가 자기 운명의 나침반을 따르지 못하게 되고 어떤 종류의 죽음이 우리에게 닥쳐오면, 우리가 살도록 되어 있는 삶대로 살 수 있는 가능성을 잃는다. 만약 이 두려움을 이겨낼 수 있다면, 더 빨리 성장하고 진정한 삶을 따르는 쪽으로 실수 에너지를 이용할 수도 있다. 그렇게 우리도 누구나 깊고 신비한 운명의 삶을 살 수 있다는 것을 보여주면서 다음 세대에 매우 강력한 무언가를 전해줄 수 있다.

내가 스스로 만들어낸 가장 큰 문제들은, 무언가가 잘못될까 두려워하고 있을 때 발생했다. 동기부여 강사가 된 나는 사하라 사막 횡단을 주제로 강연을 시작하면서 빠르게 인기를 얻었다. 나는 사하라 사막을 건너는 일을 인간이 삶의 전환기를 거치는 과정으로 비유했다. 강연은 개인의 삶이나 직장에서 변화의 길을 찾는 내용이었다. 이 주제로 유명해진 나는 북미 전역의 기관에서 사막 이야기를 강연해달라는 요청을 받기 시작했다.

청중이 더 많아지고 중요해지자 나는 더 완벽한 강연을 해야 한다는 중압감에 시달렸다. 실수할까 봐 두려웠던 것이다. 그러면서 내 강연은 예측 가능하고 진부해졌다. 횟수를 거듭할 때마다 매번 지난 강연에서 청중 호응이 좋았던 이야기만 단순히 되풀이했다. 사하라 사막을 건너도록 이끌고 그 경험을 전달하고 싶은 열망에서 나는 점점 멀어져갔다.

역설적이게도 강연에서 계속 변화를 주장했지만 정작 나는 변하지 못했다. 사하라 사막을 건너는 위험한 모험담을 이야기하면 할수

역설적이게도 사막 여행의 모험과 정열을 이야기하면 할수록,
내 안에서는 실수에 대한 두려움이 커져만 갔다.
새로운 변화가 필요하다는 경고와 같았다.

록 동기부여 강연에서 실수할 위험을 무릅쓰는 것이 점점 더 두려워졌다. 실수에 대한 강한 두려움은, 종종 삶의 여행에서 중요한 일이 될 방향의 전환을 알리는 신호가 된다. 새로운 방향으로 나아가야 하는 바로 그 순간, 우리는 익숙함이나 둥지, 지도에만 필사적으로 매달려 무슨 수를 써서라도 새로운 것을 피하고 어떤 실수도 하지 않으려 한다.

나는 사막 연설이라는 둥지 또는 어쩌면 내 강연 경력 전체라는 큰 둥지를 떠나야 할지도 모른다는 사실에 겁이 났다. 이제 중대한 변화가 필요한 시기였고, 나는 다시 새로운 곳으로 나아가야 했다. 그래서 젊은 시절 모험을 떠났던 이후 처음으로 다시 사하라 사막에 가기로 결심했다. 30여 년 전 그 사막에서 나침반을 발견했고 아마도 다시 그럴 수 있으리라.

아니면 혹시 이 생각도 내가 두려움 때문에 저지르는 또 하나의 실수인 걸까?

방황을 통해 진정한 방향 감각을 얻을 수 있다면 인생에서는 방황이 효과적인 것이 될 수 있다. 결국에 어느 나침반 바늘을 따라야 할지만 알게 되면 앞으로 나갈 수 있다. 오스트레일리아 원주민의 문화에서는 방황이 일종의 성년 의례이다. 젊은이는 혼자서 사막을 헤매고 다니며 자기 자신의 고유한 성격과 장점을 깨닫는 과정을 거친다. 이것은 자기 인생에서 나침반 바늘이 어디를 가리키고 있는지를 깨달을 수 있는 좋은 방법이기도 하다.

때로 우리는 방황하다가 길을 잃기도 하고, 잘못된 허상을 좇기도 한다. 지구 자기장의 편차에 따라 수정을 해주어야 하는 나침반과 마찬가지로, 우리도 우리 내부의 나침반이 항상 진실된 방향만을 가리키지는 않는다는 사실을 인정해야 한다. 또한 스스로 내부의 나침반을 읽어낼 수 없는 경우도 있다. 부모나 상사, 배우자 그리고 사회가 우리에게 일러주는 방향을 따라가다가 내 안에서 들려오는 희미한 방향의 소리를 듣기 위해서 많은 노력을 기울여야 한다. 또한 우리가 따라가야 하는 나침반의 방향이 별로 달갑지 않거나 고통스러울 경우, 완전히 다른 방향으로 가야 하는 수만 가지 이유가 떠오를 수 있다. 방향 감각을 찾는 데는 시간이 걸린다.

목적지를 접어두면 길을 잃은 느낌을 받게 마련이다. 모호한 것을 잘 참지 못하는 인간의 본성 때문에 우리는 새로운 목적지를 찾아 나설지도 모른다. 하지만 사막에 어떤 구조와 계획, 목표를 강요하고자 하는 충동을 억제해야만 한다. 불확실성을 참아낼 수만 있다면 방향 감각이라고 하는 선물을 받게 될 것이다. 목적의식을 가지고 방황하는 법을 배우게 되면 불확실성의 개운치 않은 느낌을 잘 다룰 수 있다.

사람들이 방황하면서 저지르기 쉬운 실수가 세 가지 있다. 하나는 목적지에 중심을 두는 것이다. 우리는 완벽한 일자리, 인생의 반려자, 어릴 적 마음에 입었던 상처의 즉각적인 치료, 중독으로부터 벗어날 수 있도록 도와줄 처방을 원한다. 목적의식을 가지고 방황한다는 것은 우리를 이끌어줄 방향을 추구하고 걸어갈 길을 찾는 것이지, 문제를 그 자리에서 해결해 줄 수 있는 마술과 같은 치료약을 구하는 것이 아니다.

어떤 때는 변화의 가장자리만 배회하는 실수를 저지르기도 한다. 본격적인 인생의 여행길에 오르는 것을 회피하고 싶기 때문이다. 방향을 찾고 있는 척하지만 실제로는 단지 변화를 피하고 있을 뿐이다. 일례로 계속해서 새로운 학위나 새로운 전공 분야를 추구하는 학생들을 들 수 있다. 이들은 '직업을 가지고 사는' 인생의 사막을 피하고 있는 것이다.

세 번째 실수는 무의식적으로 배회하는 것이다. 이는 자동 조종 장치가 달린 비행기를 타고 가는 것과 같다. 즉 가고 있는 방향에 주의를 기울이지 않고 행로에서 벗어나 헤매는 것이다. 어떤 일을 시작할 때나 누군가와 관계를 맺을 때 우리 안에는 분명히 나침반 바늘이 존재하지만, 어느 순간 방향 감각을 상실해 버리고 만다. 몇년이 지난 후에야 자기가 나침반을 따라오지 않았음을 깨닫는다. 하지만 그때쯤이면 그 방향은 더 이상 의미가 없을 수도 있다.

하루나 일주일쯤 나침반을 따라가 보라. 그리고 인생이라는 거대한 여행 속에서 존재 방법, 살아가는 방법의 방향을 선택하라. 한동안 그 길을 따라 걸으면서 "내가 점점 나의 사막 깊숙이 들어가고 있는 것인가?"라는 질문을 계속 던지라. 궁극적으로 인생을 건널 수 있는 방법은 그것밖에 없다. 사막 안으로 더욱 깊숙이 들어가는 것 외에 다른 수가 없는 것이다. 나침반은 당신이 이러한 여행을 충실하게 할 수 있도록 도와줄 것이며, 당신에게 의미가 있는 방향을 꾸준히 제시해 줄 것이다.

현재 진행형이라는 동사 시제가 있다. 우리의 나침반을 그렇게 생각하면 된다. 인생 속으로 더 깊이 들어가는 여행을 하는 동안 나침반은 우리가 현재, 이 순간을 잃지 않도록 도와준다. 방향 감각만 올바르게 잡혀 있으면 길을 잃었을 때도, 지도가 쓸모없는 그런 곳에서도 우리는 계속 앞으로 나아갈 수 있다.

둥지 떠나기

마음이 이끄는 대로 따라가기

잘할 수 있는 일을 찾아내어 행하기

실수를 두려워하지 않기

깊이 잠수하기

집으로 돌아오기

바다거북 일곱 종 가운데 여섯 종은 모두 바다거북과에 속하지만, 장수거북은 장수거북과에 속한다. 이 멋지고 거대한 동물만 자기 자신의 종에 속하는 것이다. 장수거북은 푸른바다거북이나 붉은바다거북의 최대 크기보다 세 배 혹은 네 배까지 크게 자랄 수 있고, 900킬로그램이 넘기도 한다. 거북뿐 아니라 전체 파충류 중에서도 가장 크다.

　장수거북은 그 어떤 바다거북보다 빠르게 헤엄치며 덩치에 비해 매우 날렵하다. 상어의 위협에도 끄떡하지 않는다. 이 위풍당당한 바다생물은 그 어떤 거북보다 멀리 이동하며, 먹이를 찾는 범위도 가장 넓다. 유달리 두꺼운 지방 조직 덕분에 북극해 근처의 차가운 물에서도 따뜻한 체온을 유지할 수 있다. 장수거북은 16세기 한 프랑스 과학자가 거북으로 정정하여 분류할 때까지 전설 속에 나오는 큰 바다뱀으로 오인 받았을 만큼 독특하고 신비로운 생명체이다.

바다거북은 모두 잠수에 능숙하지만 몸집에 따라 잠수하는 깊이도 달라진다. 장수거북의 잠수 능력은 단 한 번의 호흡으로 수심 1,000미터 이상 잠수하는 대형 고래와 맞먹는다. 장수거북은 물 속 깊이 오랫동안 잠수하며 견딜 수 있는 특유의 능력을 발전시켜 왔다. 다른 바다거북과 달리 장수거북은 딱딱한 등딱지가 없다. 장수거북의 영어 이름 '레더백(가죽 등, Leatherback)'처럼 두꺼운 가죽으로 된 등은 유연해서 수심 1킬로미터의 높은 수압에 적응하기에 안성맞춤이다. 산소를 아끼기 위해 허파의 크기를 줄이거나 심장 박동 속도를 조절할 수도 있다.

장수거북의 주된 먹이인 해파리는 수면 근처에 몰려 있기에 대부분의 장수거북은 수심 300미터 이상 잠수하지 않는다. 그러나 가끔, 잠수 시간의 1퍼센트 정도는 1,000미터도 넘는 가장 깊고 컴컴한 바다를 탐색하는 데 쓰기도 한다. 과학자들은 위성 전송 데이터 분석기를 이용해 장수거북의 놀라운 성향을 확인할 수 있었다. 그러나 아직까지도 장수거북이 그처럼 깊이 잠수해 들어가는 이유는 설명하지 못한다. 어쩌면 앞으로도 이 엄청난 크기의 장수거북이 놀라우리만치 깊은 심해로 파고드는 진짜 이유를 영원히 알 수 없을지 모른다. 다만 우리가 아는 것은 가끔 장수거북이 어쩔 수 없이 바다 깊이 잠수해 들어가야 할 때가 있다 사실, 우리도 마찬가지로 그럴 만한 동기가 있으리라는 사실이다.

자신의 삶 속 깊이 침잠하는 것은 겉으로 드러난 일상의 동기, 이해, 생각, 감정, 반사적 행동의 이면을 들여다본다는 뜻이다. 남이 만든 지도를 치우고 신비로운 나침반 신호에 닿으려 하기 때문이다. 깊이 들어갈 때 우리는 자기 마음이 진실로 무엇을 원하는지, 현재 겪는 고통이 실제로 무엇을 의미하는지, 그리고 운명이 자신을 어디로 데려가고자 하는지 깨닫고, 감지하고, 느끼려 애쓴다.

누구나 인생에서 깊이 잠수할 수밖에 없는 시기를 겪는다. 삶의 예측 가능성, 안락함, 안전을 뒤엎는 중요한 일이 발생한다. 지금껏 의지하던 지도가 소용없어진다. 별안간 결혼 생활이나 직장 문제로 심각한 고민에 빠질 수 있다. 재정이 악화되거나 건강에 급작스러운 문제가 생길 수 있다. 예상치 못했던 무언가가 해답을 찾으라며 당신을 내면의 신비한 공간으로 밀어 넣는다. 답을 찾기 위해 내면의 숨겨진 어둠 속으로 던져지는 것이다. 이런 역경과 변화의 시간은 그것이 힘들면 힘들수록 우리가 운명의 심원한 방향과 동기를 알 수 있는 큰 기회를 제공한다.

**인생의
1퍼센트 시간만
깊이 잠수하라**

그렇다고 내면 깊은 곳으로 들어가기 위해 어리석게 시기만 기다리고 있을 수는 없다. 모든 것이 뒤집어지는 예상하지 못한 순간에 대처하려면 평소에 준비하고 훈련하면서 자신의 중심에 접속하는 연습을 꾸준히 하는 편이 훨씬 좋다. 따라서 내면 깊은 곳을 들여다보는 데에는 평소 1퍼센트의 시간만 할애하기를 권한다. 내면 깊은 곳에 있는 중심은 당신을 기다리고 있다. 그 여행을 언제 어떻게 하는가는 당신에게 달려 있다.

이런 책을 읽는 것도 좋은 방법일 수 있다. 나의 몇몇 친구들은 고요하고 깊은 존재의 중심에 접속하는 방법으로 매일 명상을 한다. 나는 매일 일기를 쓰면서 깊은 곳으로 들어가길 좋아한다. 여러 해 동안, 나는 아침에 일어나면 다른 일을 하기 전에 우선 내가 어떤 감정에 있는지, 무엇을 갈망하고 있는지, 무엇을 두려워하거나 혹은 어떤 문제를 갖고 있는지를 몇 장씩 적어 내려갔다. 적은 내용 자체는 그리 중요하지 않다. 그 일을 매일 했다는 것, 나침반이 향하는 곳이 어디인지 찾는 방법으로 내면의 생각과 감정을 적어보는 것이 중요하다.

매일 꾸준히 연습하라. 하루 10~15분 쯤, 대략 당신 시간의 1퍼센트를 그 연습에 사용하라. 장수거북이 심해로 잠수하는 이유는 알 수 없지만, 그 또한 분명 자기 시간의 1퍼센트 정도를 할애하고 있다. 당신도 장수거북처럼 할 수 있지 않겠는가?

자신에게 알맞은 방법을 찾으라. 심리학 박사인 내 친구 르네는 사람들이 자신의 꿈을 해석하도록 도움을 주는 전문가이다. 르네에게 상담을 받는 사람들은 늘 침대 가까이 펜과 수첩을 놓아둔다. 그리고 한밤중에 잠이 깨거나 아침에 일어나자마자, 기억나는 꿈을 모두 적는다. 시간이 흐르면 르네의 고객들은 자신이 꾼 꿈의 의미를 해석하는 방법을 터득하여 마음 가장 깊은 곳에 있는 존재의 중심이 자신에게 하려는 말이 무엇인지 이해하게 된다. 나도 이 연습을 하면서 꿈을 통해 내 삶에서 큰 전환점이 되었던 계기를 얻을 수 있었다.

최근 나는 시를 쓰기 시작했다. 자유롭게 시를 쓰면서 내 마음속 깊이 느끼고 믿는 것을 깨닫고 표현할 수 있게 되었다. 쓴 시를 보고서 내 표현에 놀랄 때가 아주 많다. 시를 쓰지 않고는 도저히 느끼거나 표현할 수 없는 엄연한 진실과 가공하지 않은 정서가 드러나기 때문이다. 모든 사람이 이런 효과를 누릴지는 모르겠지만, 적어도 내게 있어 시를 쓰는 방법은 내면으로 깊이 들어가는 훌륭한 연습이다.

시를 읽거나 암송하는 것도 내면으로 깊이 들어가는 연습이 된다. 훌륭한 시 한 편을 암송하는 것은 깊이 감추어진 보물을 찾아내 어디든 품고 다니는 것과 같다. 기도나 그 밖의 종교 행위를 실천하는 것도 좋다. 자신에게 효과가 있고 10분에서 15분 정도 매일 할 수 있는 행동이라면 무엇이든 상관없다.

매일이 어렵다면 일주일에 한 번씩 해도 좋다. 일주일의 1퍼센트라면 1시간에서 1시간 반 정도 된다. 그 시간을 따로 챙겨 두었다가 당신의 삶과 요즘 겪고 있는 문제를 돌아보는 데 쓸 수 있다. 가볍게 산에 올라도 된다. 산 정상에 올라 생각한 내용을 일지에 적는다. 산을 내려와서는 결심한 내용이나 시도하고자 하는 변화에 대해 쓴다.

한 달의 1퍼센트는 대략 7시간 정도이다. 일 년의 1퍼센트에 해당하는 조금 긴 시간 동안 깊이 침잠해보면 어떨까? 그럴 경우 대략 3일, 즉 72시간이다. 당신 내면에 살아 있는 존재의 목적에 다가서기 위해 그 시간을 어떻게 쓰면 좋을까?

지금까지 내가 제시한 연습 방법은 대부분 혼자 하는 행동이지만, 반드시 혼자 해야 한다는 법은 없다. 좋아하는 작가나 강사가 이끄는 개인 성장 및 자기계발 세미나에 참가하는 것도 좋은 방법이다. 꿈의 기록과 해몽에 관심 있는 친구들과 소규모 모임을 만들고 체계적인 훈련을 받은 꿈 치료사의 도움을 받으며 일주일에 한 번씩 함께 연습해도 된다. 내 친구 고혜경 박사는 저술가이자 꿈 치료 전문가이다. 그녀는 서울에서 꿈 해석 모임을 이끌고 있는데, 함께 꿈을 이야기하고 토론하는 경험이 내적 침잠에 매우 효과적임을 발견했다.

결혼했거나 오랫동안 연인 관계에 있는 두 사람이 함께 내적 침잠을 연습하면, 관계가 더욱 견고해지고 동반의 목적도 명확해진다. 부부나 연인끼리 하는 연습은 아주 간단하다. 관계를 다룬 책이나 연애 시집을 정해서 잠자리에 들기 전 서로에게 15분 동안 읽어준다. 내용보다는 함께 연습하고 이를 통해 둘 다 더욱 깊은 사랑과 운명을 나누리라 약속하는 자세가 더 중요하다.

　나는 다른 사람들과 함께 그룹으로 내적 침잠을 연습하길 좋아하는데 상당히 재미있다. 나는 몇 년간 일주일에 한 번씩 즉흥 연기 수업을 들었다. 즉흥 연극은 다른 연기자의 말이나 행동에 즉흥적으로 반응하는 행위라서, 내면을 들여다보는 데 매우 좋은 연습이 된다. 어떤 준비 과정이나 대본도 없고 단지 이 '게임'을 진행하는 몇 가지 규칙만 있을 뿐이다. 무엇을 말할지 생각할 시간이 거의 주어지지 않기 때문에, 평소와는 달리 내면 깊은 곳으로부터 매우 진실한 무언가가 올라온다.

　침잠을 연습한다고 해서 지나치게 심각해지거나 고뇌에 차서 혼자 힘겨운 시간을 보낼 필요는 없다. 다만 규칙적으로 해야 하고 반드시 시간의 1퍼센트 정도를 사용해야 한다. 바쁜 일상에서는 흔히 만나기 어려운 내면의 무엇인가에 연결되어 있다고 느껴야 한다. 많은 시간은 아니더라도 연습에만 전념할 수 있는 시간을 따로 마련해 규칙적으로 실행해야 한다.

　결과를 얻거나 문제 해결에만 집중하기보다는 당신의 깊은 중심, 당신의 마음과 이야기를 나누는 것 자체에 집중하라. 이런 연습을 통해 당신과 당신 내면의 신비하고 강렬한 존재의 중심 사이에 네트워크가 형성된다. 당신이 찾고 있던 해결책이나 기다리던 방향 안내는 느닷없이 예기치 못한 방식으로 나타날지 모른다. 교통체증 때문에 꼼짝 없이 차 안에 갇혀 있을 때, 고민하던 문제의 해답이

불현듯 떠오르기도 한다. 내면과 연결된 통신 케이블이 깔리고 통신 채널이 개통되어서, 당신의 깊은 내면에 존재하는 '자기self'가 당신이 누구이며 어디를 향하는지 알려주기 때문이다.

수면 아래를
유심히 살피라

나는 전작《사막을 건너는 여섯 가지 방법》에서 사하라 사막을 함께 건넜던 친구 탤리스 이야기를 했다. 지나고 보니 사하라와 탤리스는 떼려야 뗄 수 없는 내 운명의 일부였다. 그가 없었다면 나는 결코 사막을 건널 수도, 책을 쓸 수도 없었다. 나는 그 친구 곁에 살고 싶어 캐나다로 이사했고 지금도 여기 살고 있다. 분명히 탤리스는 내 인생을 통틀어 가장 중요한 사람이다. 그 책에서 나는 캐나다에서 유럽으로 가는 배에서 우리가 만난 이야기, 사막을 건너기 전에 파리에서 함께 살았다는 이야기를 적었다. 하지만 우리 둘이 운명을 비껴갈 뻔했던 이야기는 빠져 있다.

러시아 여객선 'SS 알렉산더 푸쉬킨'호가 프랑스에 도착했을 때 대부분의 승객들은 배에서 내려 유럽 각지로 흩어졌다. 나는 독일까지 가는 표를 끊어놨고 탤리스를 비롯한 거의 모든 사람이 프랑스에서 내리는 줄은 모르고 있었다. 틀림없이 그는 배의 출구에서 기차를 타러 가는 승객들 중에 내가 있으리라 생각했을 것이다. 그러나 내가 그 운명의 아침에 느지막이 일어났을 때 탤리스는 이미 떠난 뒤였고, 그가 어디 있는지 어떻게 찾아야 하는지 전혀 감이 오지 않았다.

사흘 후 독일에 도착한 나는 혼자 외롭게 남쪽으로 가려고 히치하이킹을 시도했다. 그리스나 이탈리아처럼 따뜻하게 겨울을 날 수 있는 곳으로 가고 싶었다. 그런데 누군가 멈춰 서더니, 파리로 가는 길이면 태워주겠다고 했다. 내가 가려던 방향과 다른 방향으로 가는 사람이었다. 11월이라 파리는 매우 추울 때였다. 그런데 내 안에서 무언가가 속삭였다. "뭐 어때? 파리에 가서 마음에 들지 않으면 다시 남쪽으로 가면 되지." 나는 그 차에 올라탔다. 2주간 파리를 돌아다니며 박물관을 둘러본 후, 빛의 도시를 떠날 채비를 했다. 남지중해로 향하는 유명한 '르 미스트랄Le Mistral'을 타러 기차역으로 가는 지하철에 배낭을 지고 올랐다.

가는 도중 지하철은 1970년대에 학생들과 젊은 여행자들에게 인기 있었던 파리의 카르티에라탱Latin Quarter이라는 곳에 잠시 정차했다. 문득 지하철에서 내려 내가 좋아하는 곳을 마지막으로 둘러보고 가고 싶었다. 하지만 여기서 내리면 요금을 한 번 더 내야 했기에 잠시 망설였다.

그러나 문이 닫히기 바로 직전, 나는 지하철에서 인파로 붐비는 플랫폼으로 뛰어내렸다. 인파에 묻혀 에스컬레이터를 향해 나아가는데, 누군가 내 이름을 불렀다. 나는 몸을 돌렸다. 탤리스였다. 그

때 나는 앞으로의 삶이 이전과 같지 않으리라는 생각을 강하게 품었다.

정말 당신에게 운명이 있다면, 그 운명을 현실로 만들기 위해 항상 노력하지 않겠는가? 우리가 나침반을 통해 접속하려고 애쓰는 내면 깊은 곳의 지혜는 언제나 우리의 주의를 끌려고 노력한다. 혹여 그것이 잘 되지 않더라도 우리에게 올바른 삶에 대한 가능성을 가리켜 보이려고 한다. 그러니 당신에게 일어나는 모든 일을 당신이 어디로 가야 하는지, 그리고 무엇을 해야 하는지 알아낼 수 있는 단서로 여기라.

인생의 시시콜콜한 일상을 모두 분석하려면 시간이 너무 많이 든다. 그러나 강한 끌림, 불안감이나 반감, 친근하게 반복되는 패턴, 이례적인 성공이나 실패, 지하철에서 탤리스를 발견한 것처럼 운 좋은 일이나 우연의 일치 같은 주목할 만한 상황이 발생하면 주의를 기울이라. 운명이 당신을 올바른 길로 인도할 방법을 찾았거나, 혹은 당신이 겉으로 드러나지 않은 이면을 들여다보고 나침반 신호를 알아차리도록 하기 위해 특이한 경험으로 주의를 끌려는 것일지 모른다.

자신을 잘 살펴보면 삶에서 반복되는 패턴을 깨닫게 된다. 늘 하는 일이 언제나 같은 결과를 가져오고, 매번 같은 유형의 사람을 만나거나 관계를 맺으며, 똑같은 문제로 계속 고민하고, 직장에서나 학교에서나 놀 때나 사랑할 때나 같은 종류의 경험에 자석에 끌리

듯 마음이 간다면, 수면 아래를 들여다보고 왜 같은 일이 자꾸 반복되는지 알아보라.

운명이 인생이라는 여행에서 적재적소에 딱 맞는 사람을 만나게 한다고 증명하기는 어렵다. 그러나 이런 일은 내게 여러 번 일어났다. 알 수 없는 어떤 힘이 마치 내가 알기도 전에 어디로 가야 할지 알고 있어 그곳으로 가도록 돕는 것 같았다.

몇 년 전 나는 한 잡지사로부터 첫 책과 다음 책 집필 계획에 대한 인터뷰 이메일을 받았다. 인터뷰 질문은 아주 평이해서 처음 열 개 질문에는 빠르게 답했다. 그러나 열한 번째 질문 때문에 내 심장은 요동쳤고 손은 차가워졌다. 어느 누구도 잡지 인터뷰를 하면서 그토록 당황하지는 않았을 테다. 녹음기와 수첩으로 무장한 까다로운 질문자가 앞에 있던 것도 아니고, 그저 이메일 질문만 모니터에 떠 있는데도 나는 안절부절 못했다.

나를 당황하게 만든 질문은 이것이었다. "스티브, 당신의 첫 책은 큰 성공을 거두었습니다. 베스트셀러를 낸 대부분의 자기계발서 저자들은 그 성공을 기회로 삼아 곧 두 번째 책을 냅니다. 하지만 당신은 첫 책이 나온 지 5년이 지났는데 왜 아직 두 번째 책을 쓰지 않습니까?"

컴퓨터 모니터 화면에 진땀을 흘리는 내 모습이 비쳤다. 차가워졌던 손은 이내 땀으로 축축해졌다. 내 감정의 수면 아래 무엇이 있는지 살피면 아주 중요한 방향성을 지닌 정보를 얻으리라는 생각이

들었다. 아주 좋은 질문이었다. 스스로 묻기 두려웠던 질문이기도 했다. 지난 5년간 책을 쓸 수 없었던 진짜 이유를 알아내기 위해 나의 내면을 깊이 들여다보았다.

기업체 강연을 자주 다니느라 많은 시간을 소비했다. 반복되는 주제에 싫증이 났고 실수가 두려웠으며 강연 때마다 완벽을 기하려다 받는 스트레스 때문에 에너지가 고갈된 상태였다. 나는 집필을 못하는 이유를 업무와 일 문제에서 찾으려 했다. 그러나 그것은 사실 극히 부분적인 이유일 뿐이었다.

첫 책을 끝낸 직후 나는 한 여자를 만나 5년간 교제했다. 우리는 진지하게 교제했고 약혼한 상태였다. 그러나 11번째 질문의 답을 찾기 위해 그 이면을 들여다보니 우리 관계의 불화와 불행으로 인해 책을 쓸 시간과 에너지가 없었고 영감도 떠오르지 않았다는 사실을 인정해야만 했다.

나는 열한 번째 질문을 읽기 전부터 이미 그녀와의 관계가 좋지 않다는 것, 일 때문에 무기력해지고 있다는 것을 잘 알고 있었다. 하지만 수면 아래를 들여다보고 찾아낸 답은 전환점이 되었다. 잃어버린 지난 5년에 대한 슬픔과 후회가 엄습하면서, 내면의 나침반이 집필을 가리키고 있음을 확신했다. 책을 또 한 권 쓰고 싶다면 내 삶에 매우 큰 변화가 있어야 한다는 사실도 깨달았다. 그러한 변화를 위해서는 익숙한 둥지 하나, 어쩌면 둘을 동시에 떠나야 할지도 모를 일이었다.

수면 아래를 탐색하는 일은 매일 내면으로 잠수하는 연습의 일부여야 한다. 그러나 강렬한 감정이 일거나 난데없이 이례적이고 뜻밖의 행운이 발생한다면? 당신이 극도로 높은 자기장 안에 있어서 내면의 나침반 바늘이 걷잡을 수 없이 급속히 돌며 너무도 많은 신호를 잡아내는 상황이라 할 수 있다. 그런 때는 평소보다 더욱 주의를 기울이며 훨씬 깊이 들어가야 한다.

나는 이중 운영 시스템으로 살고 있다. 하나는 다른 사람들처럼 계획을 세우고 목표와 지도를 가지고 살아가는 시스템이다. 나는 매일 아침 내가 이루고 싶은 것을 생각하며 잠에서 깨어나 하루를 시작한다. 모든 일을 논리적으로 생각하려고 노력하며 어떤 일이 일어나면 그 이유를 찾으려 한다. 그러나 동시에, 내가 누구이고 왜 여기에 있는지 나보다 더 잘 아는 별도의 운영체제가 내 안에 있다고 믿는다. 이성이 아닌 무언가가 내가 파리에 있을 때 지하철에서 언제 내릴지 알려주고, 열한 번째 질문을 읽을 때 내 손을 차갑게 만들었다고 믿는다.

내가 태어나기 전 선택했거나 내 유전자 안에 각인된 운명이 무엇인지, 나는 기억하지 못한다. 그렇기에 인생 여정에서 어디가 갈림길인지 알기 위해, 나는 내면의 나침반이 활발할 때 깊이 침잠하여 세심히 살펴본다. 성공이나 실패, 끌림과 반발이 이상한 우연으로 계속 발생하면 이런 갈림길이 숨어 있음을 알아차린다. 다년간 연습한 끝에 나는 중요한 일이 발생하면 내 주의를 끌려고 하는 운명의 천사가 있는지 보기 위해 수면 아래를 탐색해야 한다는 사실을 감지하게 되었다.

오래
숨 참는 법을
배우라

모든 바다거북이 휴식을 취할 때는 물속에서 어려움 없이 몇 시간을 보낸다. 그러나 장수거북이 깊게 잠수하려면 많은 노력과 산소가 필요하다. 그런데도 연구결과에 따르면 이 거대한 동물은 숨한 번 쉬고 수면에서 1킬로미터 이상 내려가 48분까지 버틴다고 한다. 유감스럽게도 거의 멸종 위기에 처해 점점 만나기 어려워지는이 거대한 동물은 잠수의 달인이다.

장수거북처럼 나도 숨을 잘 참는다. 물속에서 상당히 오래 헤엄칠 수 있다. 예전에 아이들과 수영장에서 누가 숨을 오래 참으며 떠있는지 겨루는 게임을 한 적이 있다. 내가 얼마나 숨을 오래 참고있었던지 구조대원은 익사 사고인 줄 알고 놀라서 나를 구하러 뛰어들기도 했다.

그래서 무산소 잠수 경기에 참가할 생각도 했다. 이 경기에서 참가자들은 숨을 딱 한 번 들이마신 후 무거운 추를 몸에 매달고 무려300미터까지 내려갔다가 다시 올라온다. 내가 이 익스트림 스포츠를 해보지 않은 한 가지 이유는 그렇게 깊이 잠수하기가 무서웠기 때문이다.

기분이 가라앉으면 우리는 다시 기분이 나아지기만을 바란다. 감정적으로나 심리적으로 깊이 들어가길 겁낸다. 그곳에 갇힐까 봐, 깊이 침잠할수록 '숨'이 다할까 봐 두려워한다. 하지만 살면서 힘든 일을 겪고 기분이 '가라앉는' 바로 그때가 삶의 방향을 돌이켜보고 나침반을 찾을 수 있는 가장 좋은 기회이다. 불행, 우울, 슬픔, 외로움처럼 기분을 '가라앉게' 만드는 모든 것을 내면 깊이 침잠하는 기회로 삼을 수 있다. 마치 무산소 잠수를 하는 선수가 신기록을 세우기 위해 몸에 매다는 무거운 추와 같이, 이런 어려운 처지를 기회로 삼아서 내면 깊이 가라앉으라. 그리고 진실로 무엇을 원하는지, 무엇이 필요한지, 마음 가장 깊은 곳에서 무엇을 향해 가고자 하는지 알아내도록 노력하라. 그러나 무엇보다도, 그곳에 한동안 머물러 있으라.

왜 어떤 사람은 어렵거나 고통스러운 상황에 오랫동안 기꺼이 있으려 할까? 소극적인 태도나 체념을 말하는 것이 아니다. 다만 우리가 어려움을 겪으며 내면 깊이 침잠하면서 점차 심해지는 압박감을 견디는 동안, 비로소 어떤 변화가 시작될 수 있다는 사실을 말하고 싶다. 내면 깊이 가라앉아 있을 때 우리의 숭고한 운명이 말하고자 하는 근본 진리를 깨달을 기회가 온다. 거기에서는 지도가 소용없다. 하지만 수면 위의 일상 속에서는 구하고자 해도 구할 수 없는 나침반이나 보물을 오히려 그렇게 깊고 어두운 곳에서 종종 손에 얻고는 한다.

《사막을 건너는 여섯 가지 방법》에서 나는 이혼한 이야기를 어렵게 꺼냈다. 결국 나는 전처 오션과 같은 도시에 살 수 있게 되었다. 아이들은 아빠와 엄마 집에서 일주일씩 번갈아 지냈다. 오션은 여전히 내게 화가 나 있었고 적개심을 품었지만, 우리는 그럭저럭 서로 도우면서 아이들이 평범한 집 애들처럼 지내고, 좋은 학교에 갈 수 있도록 돌볼 수 있었다.

나는 재결합은 아니더라도, 그저 우리의 힘들었던 과거를 뒤로하고 서로 주고받았던 상처를 용서하고 용서받는 완벽한 화해가 이루어지기를 간절히 바랐다. 다시 친구가 되지는 못한다 해도, 함께 있으면 마음이 편안해지는 사이가 되었으면 했다. 그래서 여러 해에 걸쳐, 적기라는 생각이 들 때마다 그녀에게 다가가 화해를 구했지만 아무 소용이 없었다. 나는 이혼한 대다수 부부처럼, 우리도 다시는 편안한 느낌으로 같은 공간에 있을 수 없다는 사실을 받아들이기로 했다.

바로 그때 클로이가 집으로 돌아왔다. 서핑도 즐기고 멋진 남자친구도 찾는 일 년 반의 여행을 끝낸 내 귀여운 딸 거북이 돌아온 것이다. 이제 클로이는 성인이었다. 그녀는 변했고 혼자가 아니었다. 대학 등록금이 바닥나기 딱 3주전 클로이는 마침내 자신이 꿈꾸었던 백마 탄 왕자님을 만났다. 댄은 매우 훌륭한 청년이었고 두 사람은 분명 열렬히 서로 사랑하고 있었다. 딸이 돌아와 기뻤지만 캐나다에 잠깐 머문 후 남자친구와 함께 호주의 태양 아래 파도로 다시 돌아갈 때는 슬펐다. 몇 주 후 클로이와 댄은 결혼이라는 놀라운 소식을 우리에게 전화로 알렸다.

딸이 호주의 멋진 왕자와 결혼하겠다고 선언하자, 그녀의 엄마와 나 모두 어안이 벙벙했다. 말문이 막혔다. 다른 것도 아니고 결혼이라니! 클로이와 댄은 이제 겨우 몇 달을 사귄 커플일 뿐이었다. 심사숙고 끝에 나는 둘의 결혼을 지지하기로 결정했지만 오션은 격렬히 반대했다. 우리 가족이 예전처럼 아주 깊고 헤어나기 어려운 수렁에 빠져드는 느낌이었다. 모두 다른 방향을 향해 뿔뿔이 헤어지는 것 같았다. 아내와 나는 이혼하기 전처럼 아이들 문제를 놓고 맹렬히 다투게 될 듯했다. 그렇다면 내가 결혼을 허락하더라도 클로이와 댄은 불행하다고 느낄 것이다. 어떻게 해야 할지 혼돈스러웠다. 모든 사람, 아니면 한 사람이라도 행복해지는 명확한 길이 없는 상황이었다.

우리 네 사람 모두 깊은 곳에 가라앉아 있었다. 이 상황을 바로잡아서 모두 좋아지기를 원했다. 나는 내 마음을 들여다보았다. 나는 딸아이가 무엇을 원하든 그 아이를 지지해주고 싶었다. 하지만 나 자신도 그 결혼이 불안했다. 너무 빨리 진행되는 듯했고, 그들이 서로를 아직 제대로 알지 못한다고 생각했기 때문이다. 그들이 결혼하려는 이유에는 클로이가 호주에서 추방당하지 않으려는 것도 포함되었다는 생각이 들었다. 물론 두 사람이 서로 아주 많이 사랑하고 있다는 것도 믿었다. 나는 정말 고민스러웠다. 전처와 싸우고 싶지도 않았고, 딸아이의 결혼을 반대해 그 애를 실망시키고 싶지도 않았다.

나는 어떤 결정도 성급히 내리지 않으려고 노력했다. 숨을 참고 견딜 수 있을 만큼 가능한 오래 바닥에서 버텼다. 수면 위로 올라가 공기를 들이마시고픈 압박이 강하게 일었다. 우리 모두가 힘들어하고, 뭔가 다른 것을 원하고 있음을 알고 있었다. 나는 두 가지 선택 사이의 팽팽한 긴장 상태에 머물면서 더 좋은 일이 나타나기를 바랐다.

마침내 오션은 학생비자로 딸이 호주에 더 머물 수 있고, 그러면 댄을 더 잘 알 수 있는 시간을 벌며, 결혼도 미룰 수 있다는 걸 알아냈다. 나도 이 의견에 적극 찬성했다. 그녀는 내 집에 와서 같이 전화하기로 했다. 우리가 30초 이상 한 방에 같이 있었던 적은 11년 만에 처음이었다. 11년도 더 넘어서 처음으로 의견이 제대로 일치한 것이다. 클로이는 분명 실망하겠지만 이 계획이 최선이라고 생각했다.

태평양을 가로지르는 국제통화 일 분 만에 딸이 울기 시작했다. 그녀는 진정으로 왕자와 결혼하길 원했다. 그러자 왕자가 클로이에게서 수화기를 가로채더니 지구 반대편에 있는 그녀 엄마에게 소리를 지르기 시작했다. 나 또한 아이 엄마로부터 수화기를 가로채 왕자에게 "지금 자네는 클로이 엄마에게 그런 말을 할 권리가 없어!"

라고 소리쳤다. 전화기 너머로 분노한 사람들의 고성이 오갔다. 넷 다 매우 괴로워했다. 그러나 통화가 끝난 후, 우리가 오랫동안 숨을 참고 깊이 가라앉은 덕에 거기 숨겨진 보물을 얼핏이라도 본 듯한 기분이 들었다.

정확히 어디서 모든 상황이 역전되었는지는 모르겠다. 하지만 그 것을 계기로 나는 결혼 기간 대부분 내 자신을 옹호하느라 적대시 했던 여인을 지키겠다고 전화기를 집어들었다. 오션은 이혼 후 여러 해 동안 명상과 요가를 연습해 왔다. 며칠씩 시간의 1퍼센트를 내어 침잠해왔음이 확실하다. 이러한 연습을 통해 준비한 아내 덕분에 그 다음 몇 달에 걸쳐 우리 온 가족에게 커다란 변화가 일어날 수 있었다고 생각한다.

결혼식은 계획대로 진행되었다. 딸아이가 결혼하는 호주의 아름 다운 해변으로 날아간 사람은 나와 오션, 스피릿 그리고 클로이의 절친한 친구 티코뿐이었다. 결혼식 이틀 후 클로이와 스피릿, 아내와 나는 멋진 바닷가 식당에서 저녁을 먹었다. 딸이 집을 떠나 드디어 찾아낸 넘실대는 검은 바다 위로 철썩이는 파도소리가 들렸다. 이혼 후 처음으로 우리 넷은 함께 식사했고 가족으로 함께한 추억을 나누었다. 큰 소리로 웃으며 행복했던 시절을 떠올렸다. 그때야말로 바로 내가 오랫동안 바라던 화해의 순간이며, 내 인생의 가장 행복한 날이었다.

모든 것이 한 바퀴 돌아 제자리에 와 있었다. 창밖으로 달빛에 비치는 해변과 바다를 바라보고 있으니, 한 가족이라는 느낌을 다시 찾은 우리가 마치 수년 동안 떠나 있던 고향으로 마침내 회귀한 바다거북 같았다.

우리 문화권과 사회는 거만한 자아를 건설적인 방법으로 해체하는 방법을 모르기 때문에 우리는 스스로 겸허해지도록 노력해야 한다. 겸허해지기 위해서는 엄청난 사건을 기다리기보다는 사소한 기회를 활용하는 것이 좋다. 변화의 사막에 꼼짝없이 갇혀 있는 상황에서는 공기를 많이 빼야 할 큰 사건이 기다리고 있을지도 모른다. 일상생활 속의 작은 사건을 통해 연습하다 보면 큰 사건에 대비할 수 있다. 우리가 너무 까다로워지는 순간, 화가 나거나 참을성이 없어지고 유치해지거나, 또는 역겨워지고 둔감해지거나 오만해지는 순간이 오면 자아에서 공기를 빼고 실질적이며 건전한 방향으로 전환할 기회로 보면 된다.

그것은 자존심을 무너뜨린다거나, 스스로에게 엄해진다거나, 완전한 패자가 되는 것을 의미하지 않는다. 그것은 단순히 받아들이는 것이다. 겸허해진다 함은 그저 자기가 완벽하지 못하다는 것 그리고 영원한 존재가 아니라는 작은 진실을 받아들이는 것이다. 약점까지 포함하여 있는 그대로의 자신을 받아들이는 것이 바로 겸허함이며 이를 통해 더 높이 일어설 수 있다. 우리가 사막에서 겪는 변화는 종종 우리 자체가 바뀌는 것이 아니라 세상을 바라보는 우리의 관점이 바뀌는 것이다.

현재 상황에 대해서 냉혹하리만큼 정직해야 한다. 잘못한 일이 있으면 인정하고, 사과할 일이 있으면 사과하고, 끼어든 앞차 운전자를 용서해야 한다. 무언가 생각했던 대로 일이 안 풀리면 화를 내거나 남을 탓하기보다는 실망감 그 자체를 느껴야 한다. 잘못된 것을 바로잡거나 변화시키려 들지 말아야 한다. 핑계를 찾아서도 안 된다. 그냥 겸허해지는 마음 상태를 그대로 느낀다. 크게 숨을 들이켜고 여전히 자아의식이 살아 있음에 주목한다. 자아는 완전히 사라지지 않지만, 이제 약간은 겸허해질 수 있는 마음 자세를 배운 것이다.

바람을 빼는 것은 인생의 일부이다. 그런 모습은 섹시한 모습과는 거리가 멀어 〈피플〉 표지에는 나올 수 없을 것이다. 하지만 〈인간〉이라는 잡지가 있다면 그 표지를 장식할 수 있을 것이다. 왜냐하면 아주 작은 사건에라도 겸허해지고 난 사람은 더욱 인간적이고,

더욱 현실적이며, 살아 있는 존재처럼 느껴지기 때문이다.

겸허해질 수 있으면 방황도 가능해진다. 내 안의 나침반을 찾는 일은 과학으로는 불가능하다. 우리가 따라왔던 방향이 허상이었음이 드러나면 겸허해질 수 있다. 그때 그 기분을 그대로 느껴라. 그것이 본인에게 좋은 경험이었다고 믿어야 한다. 그리고 목적 있는 방황을 계속해야 한다.

작년 여름 나는 일주일에 한 번 정도 뭔가 재미있고 경쟁적인 휴식의 시간이 필요하다는 것을 깨달았다. 그래서 성인 혼성 소프트볼 리그에 참가를 신청했다. 어렸을 때 야구를 했던 경험도 있었던 터라 야구는 자신이 있었다. 하지만 우리 팀의 한 멤버는 그렇지 못했다. 대니얼은 한 번도 야구를 해본 적이 없었다. 우리 마을에 이사 온 지도 얼마 되지 않았고 야구를 하면 재미도 있고 친구도 사귈 수 있을 것 같아서 리그에 가입했다고 했다.

첫 게임에서 대니얼은 맨손으로 공을 잡으려다가 엄지손가락을 크게 다치고 말았다. 공을 잡을 때보다 놓칠 때가 더 많았고, 두세 번은 베이스를 거꾸로 돌기까지 했다. 하지만 경기가 있을 때마다 한 번도 빼놓지 않고 항상 참가한 사람은 대니얼밖에 없었다. 경기를 가장 재미있게 즐긴 사람도 그녀였다. 겸허한 자세를 가졌기에 자아에 대해 그리 연연해하지 않고 활기찬 휴식을 즐길 수 있었던 것이다.

이렇게 조금씩 바람을 빼다 보면 크게 바람을 빼야 하는 상황에도 대비하게 된다. 타인과 진정으로 통하기 위해서는 자존심을 삼키거나 사과를 해야 할 때도 있고, 거짓말, 실수 또는 배신에 대해 솔직하게 인정해야 할 때도 있다. 자아에서 공기를 조금만 빼면 꼬인 인간관계에서 벗어나 다른 사람과 교류하는 치유의 장으로 들어설 수도 있다.

둥지 떠나기

마음이 이끄는 대로 따라가기

잘할 수 있는 일을 찾아내어 행하기

실수를 두려워하지 않기

깊이 잠수하기

집으로 돌아오기

작지만 사나운 켐프각시바다거북은 어부들을 만나면 침을 뱉고, 물고, 위협하는 소리를 내고, 격렬하게 몸부림치면서 정신없게 만들 정도로 성질이 고약하다. 푸른바다거북과 달리 켐프각시바다거북은 갇힌 상태에서 오래 버티지 못해서, 잡힌 지 두어 시간만 지나면 죽는다. 마치 탈출하려고 몸부림치다 심장마비라도 온 듯이 뒤집힌 채 죽기 때문에 어부들은 이 거북을 '심장 약한 거북'이라고 부른다.

켐프각시바다거북이 둥지 트는 장소를 밝혀내려는 아치 카의 노력에 영감을 받아서 또 한 명의 과학자 헨리 힐데브란트Henry Hildebrand도 연구에 착수했다. 그는 켐프각시바다거북이 태어나는 해변 위치를 알아낼 단서를 찾기 위해 어부들을 비롯해 지역민들과 친분을 쌓으며 멕시코 만 해안선을 따라 이동했다. 1960년 힐데브란트는 안드레스 헤레라Andrés Herrera라는 아마추어 동물학자가 그 거북을 찍은 영상을 갖고 있다는 소식을 들었다. 1947년 촬영된 이 영상은 암컷 켐프각시바다거북들이 멕시코 외딴 해변 지역에 알을 낳기 위해 떼를 지어 모여든 광경을 담고 있었다. 단 하루 동안 거의 42,000마리의 거북들이 그 해변에 돌아온 것으로 추정되었다. 지구상에 존재하는 대부분의 켐프각시바다거북들이 이 멕시코의 작고 특별할 것 없는 해변에서 태어나고 돌아온 것이다.

수수께끼는 풀렸지만 새로운 문제가 발생했다. 1978년 무렵 알을 낳는 암컷의 수가 겨우 200마리 정도로 급감했다. 한때 개체 수도 많고 수수께끼에 싸여 있던 켐프각시바다거북이 멸종 위기를 맞은 것이다. 고향으로 돌아오는 거북도 거의 없어졌다. '심장 약한 거북'은 거북을 사랑하는 전 세계 사람들의 심장을 아프게 하고 있었다.

나는 1947년에 찍은, 거북이 해안으로 몰려드는 모습을 담은 흐릿한 동영상을 보면, 감동을 넘어 이 매혹적인 생명체에 경외심을 느낀다(http://www.youtube.com/watch?v=W4u3GL9SyyM 참조). 그래서 바다거북이 더는 존재하지 않는 세상을 생각하면 슬퍼진다. 자신이 태어난 고향으로 돌아가는 거북의 여행에 관한 무용담은 동물의 세계에서 가장 위대한 서사시이다.

매년 그들이 태어난 해안으로 돌아가는 이야기는 우리에게도 진짜 '집'으로 돌아가야 한다는 영감을 준다. 바다거북처럼 우리 역시 각자의 나침반을 따라 세상으로 나가서 삶의 여정을 완수하고 그

후에 우리가 집이라고 부르는, 내면의 집으로 돌아가야 한다.

토착민에게 집이란 항상 그들이 사는 자연 환경이다. 잔잔하게 흐르는 강이든, 햇볕이 내리쬐는 대초원이든, 성스러운 산이든, 우뚝 솟은 모래 언덕이든, 푹푹 찌는 우림이든 그들의 집은 바깥에 있다. 그러나 바쁜 도시에서 목표만 바라보고 사는 현대인의 삶 속에서 자연 환경을 집이라고 말하는 일은 불가능해졌다. 우리는 더 이상 토착민의 사고방식으로 생각하지 않는다.

현대인은 가족이나 조상 대대로 살고 있는 거주지, 장소, 마을, 태어난 건물을 '집'이라고 부른다. 빌라, 아파트, 단독주택, 학교 기숙사 또는 밤에 잠 잘 수 있는 곳이면 어디든 집이라고 느낄 수 있다. 현대적인 개념으로 집은 모두가 필요로 하는 가족이라는 느낌을 제공해준다. 집은 아이를 키우고 가족의 유대를 강하게 해준다. 누구나 먹고, 자고, 안락함과 애정을 느낄 수 있는 장소가 필요하다. 하지만 이것은 내가 말하고자 하는 집의 개념이 아니다.

여기서는 다른 의미의 집을 말하고자 한다. 이 '집'이란 땅 위에 있는 물리적 장소라기보다는 우리 내면으로 도달하거나 돌아간다는 의미이다. 정신적, 심리적으로 '태어난' 장소이자 여정의 결실이라고 부르는 장소로 돌아가는 내면적 경험이다. 진정한 자신으로 돌아가는 시간이며 말 그대로 우리의 운명을 실현하며 사는 경험이다. 이러한 집으로 돌아가기 위해 다시 거북의 이야기를 참고하자.

만약 바다거북이 사람처럼 생각하고 느낄 수 있다면 보금자리를 떠날 때 가장 먼저 집을 잃었다는 생각을 할 것이다. 드넓고 어두운 바다를 떠돌며 형제들과 떨어지고 해변의 보금자리에서 멀어진 상태에서 어떤 다른 기분을 느낄 수 있겠는가?

지난 해 나는 내가 태어났던 미국의 오하이오 톨레도Toledo로 갔다. 아버지가 심각한 뇌졸중을 일으켰기 때문이다. 매일 병원에 계신 아버지를 만나러 가느라 며칠을 머물렀다. 아버지가 안정을 찾았을 때 나는 금방 돌아오겠다고 말씀드렸다. 뇌졸중으로 말을 잘할 수 없었지만, 아버지가 나를 이해했으리라 생각한다. 나는 아버지가 좋아했고, 사업차 여러 차례 방문하시기도 했던 푸에르토리코로 가서 강연을 해야 했다. 아버지께 가야 할 장소를 말씀드리자 고개를 끄덕이셨고, 나는 강연 여행을 떠났다.

하지만 나는 며칠 지나지 않아 톨레도로 돌아가야 했다. 그 사이에 아버지의 병세가 악화되었기 때문이다. 나는 누이들과 담당의를 만나기 위해 병원으로 차를 몰았다. 약속 시간보다 이르긴 했지만 어떤 이유에서인지 매우 빨리 차를 몰았다. 마음이 급하지도 않고 중압감을 느끼지도 않았지만, 스스로 뭐라 말할 수 없는 목적의식에 이끌려 운전하고 있음을 알았다. 휴대전화가 울렸다. 메리 누나가 내가 어디쯤인지 물었다. 병원 주차장이라고 말하자 누나가 소리쳤다. "서둘러!"

나는 처음 눈에 띄는 빈자리에 주차하고 뛰어내렸다. 그런데 이상한 일이었다. 나도 모르게 지갑과 휴대전화를 확인하기 시작했고, 배터리가 얼마 없는 바람에 충전기까지 챙겼다. 잠시 후엔 물병이 차 안에 있는 게 생각나서 다시 돌아가 갖고 오기까지 했다. 물론 나는 아버지 임종이 가까웠다는 사실을 알고 있었다. 그러나 어떤 이유에서인지, 필요할지 모를 물건들이 모두 있는지 확인하고픈 이상한 충동에 사로잡혔다. 그때 내 머릿속에서 지금껏 들어본 적이 없는 어떤 목소리가 외쳤다. "어서 달려!"

그래서 나는 달렸다. 야외 주차장을 가로질러 주차 건물을 지나고 주차장과 병원을 연결하는 긴 복도를 내려가 미로 같은 로비와 진료실들을 지나쳐서 엘리베이터로 향했다. 가는 동안 병원 안내방송에서 505호 환자 가족들을 급히 병실로 호출하는 소리가 들렸다. 5층에서 엘리베이터 문이 열리자 아버지 병실 복도에 선 간호사가 마치 야구에서 3루 코치가 주자에게 전력을 다해 홈으로 뛰라고 재촉하는 것 같은 동작으로 팔을 휘저었다.

작은 개인 병실 침대 주위에 누나와 여동생이 서 있었다. 고모도 있었다. 메리 누나는 직장에 있는 남동생에게 연락을 취하느라 여전히 통화 중이었다. 나는 침대 옆에 있는 다른 누이들 틈으로 끼어들어 인생의 마지막 숨을 내쉬는 아버지를 바라보았다. 간호사가 아버지의 심장 박동을 듣기 위해 청진기를 들고 몸을 기울였다가 말했다. "돌아가셨습니다." 그녀는 가슴 아픈 이별을 겪은 우리가 아버지의 죽음을 애도하고 서로 위로하도록 자리를 비켜주었다.

때때로 아버지가 날 기다려준 것 같다는 생각이 든다. 아버지라면 분명 그럴 분이다. 다행히 나는 전날 밤 비행기가 착륙하자마자 병원으로 갔고, 작별인사도 할 수 있었다. 아버지께 사랑한다고도 말했다. 내 말을 들으셨는지는 모르겠지만 생전에 그 말을 해드릴 수 있어서 다행이었다.

전에는 누군가 죽어가는 모습을 본 적이 없었다. 나는 늘 죽음과 소멸이 두려웠다. 하지만 지금은 훨씬 덜하다. 아버지는 내게 많은 것을 가르쳐주었다. 야구, 운전, 생계를 위해 비행기를 타고 멀리 가는 법, 아버지가 되는 법, 남편이 되는 법, 그리고 이번엔 죽는 법을 알려주셨다. 아니, 최소한 죽음을 두려워하지 않는 법을 가르쳐주었다.

그러나 나는 주차장에서 잡다한 소지품들을 챙기느라 아버지의 임종을 놓칠 뻔했다. 당시에는 혼란스러웠지만 지금은 내 행동을 이해할 수 있을 것 같다. 어머니 또한 아버지가 돌아가시기 일 년 전에 돌아가셨다. 아버지의 죽음으로 인해 나는 생존한 부모가 없는 사람이 되었다. 쉰세 살이었지만 이제 막 고아가 된 어린아이가 된 기분이었다.

부모님이 돌아가시자 해마다 찾아가던 고향은 결코 예전 같은 느낌이 들지 않았다. 비록 내 다섯 형제와 그 가족들이 여전히 살고 있지만 더는 예전 같지 않다. 부모님 댁은 언제나 집 자체를 상징했다. 멀리 떨어져 살고 있어도 부모님이 여전히 거기 계신다는 깊은 위안도 이젠 사라졌다. 내가 주차장에서 했던 행동은 단 몇 분 후 505호 병실에서 시작될 여행, 즉 집으로 돌아갈 길을 찾는 여행을 위해 필요한 물건들을 확인하는 다소 기이한 행동이었다.

집 없는
느낌을
가져보라

부모와 부모의 집을 잃는 아픔을 겪어야만 집 없는 느낌을 얻을 수 있는 것은 아니다. 가족이 사는 집은 내면의 집과는 전혀 다르다. 어머니와 아버지를 잃은 후 나는 이 사실을 분명하게 깨달았다. 내면의 여행이라는 관점에서 볼 때 집을 잃은 기분은 현대인에게는 자연스러운 의식 상태이다.

집을 잃은 기분은 수많은 다른 형태로 나타난다. 어찌할 바를 모르거나 외롭다고 느낄 수 있다. 친구도 미래도 없다고 느끼기도 한다. 잘못된 곳에 있다거나 어디에도 내가 있을 곳이 없다고 느끼기도 한다. 나를 이해해주는 사람이 없다고 생각할 수도 있다. 사람들이 느끼는 많은 불편한 감정들은 정신적이거나 철학적인, 내면의 집을 잃어버린 상태에서 기인하기도 한다. 때로는 이런 감정이 실제로 좋은 영향을 줄 수도 있다. 이런 경험 없이 진정한 자아와 인생의 진정한 방향을 찾기 위해 내적 여행을 시작하는 사람이 거의 없기 때문이다. 내면의 집을 찾고자 하는 열망이 없다면 운명을 실현하며 살 수 없다.

슬픔 속에 깊이 잠겨 있는 동안, 나는 표면에 머물러 있을 때보다 더 많은 것을 볼 수 있었다. 아버지의 죽음으로 인해 무엇이 인생에서 진정 중요한지 더 분명하게 파악하고 느낄 수 있게 되었다. 나는 이제 약혼녀와의 관계가 끝났음을 깨달았다. 아버지 장례식 2주 후에 나는 관계를 정리하고 결혼도 취소했다.

11월 초가 되자 고대했던 사하라 여행이 겨우 두 달 앞으로 다가왔다. 비통하고 홀로 된 기분에 빠져 지구 반대편에 있는 모래 언덕으로 낯선 이들을 이끌고 간다는 일은 생각조차 하기 힘들었다. 나는 사하라 여행을 취소했다. 그 후 두 달 동안 내 기분은 겨울의 고독과 같았다. 삶의 기쁨과 의미로부터 단절된 것 같았다. 나는 깊이 침잠했고 무엇을 해야 할지 몰랐다.

크리스마스 며칠 전 한국에서 이메일 한 통을 받았다. KBS에서 다큐멘터리 연출자로 일하는 젊은이였다. 영중은 내 책을 읽었다고 했다. 그는 사하라 사막으로 가서 내가 그 나이에 겪었던 모험을 하고 이에 관한 영상도 찍고 싶다고 했다. 하지만 나는 그에게 여행은 취소되었다고 답했다.

일주일 후 다시 메일이 왔다. 영중은 인생을 배우고 싶어 했고 사하라 사막에 가면 자신이 바람이 이루어질 거라 믿는다고 이야기했다. 그는 인생을 배우는 모험에서 자신을 이끌고 안내해줄 경험 있는 연장자가 필요하다고 말했다. 그는 나를 정신적 지도자로 삼길 원하고 내 제자가 되기를 바란다면서 나에게 재고해볼 수 없는지 간절히 물었다.

이 상황의 의미를 곰곰이 헤아려보았다. 이 젊은이는 불쑥 나타나 오래전에 취소했던 여행을 가자고 간청했다. 무시하기엔 내게 너무 잘 들어맞는 일이라 관심이 갔다. 하지만 더 중요한 점은 그가 내 마음을 움직였다는 사실이다. 내 경험을 통해 자신을 도와달라고 그토록 분명히 요청했던 사람은 없었다. 갑자기 누군가에게 꼭 필요한 사람이 된 기분이었다. 깊이 가라앉아 있던 내가 표면으로 떠오른 것이다. 나 역시 그를 필요로 한다는 사실도 깨달았다. 중년의 나이에 다시 사하라로 여행하도록 영감을 줄 수 있는 그의 젊은 열정과 에너지, 호기심이 내게 필요했다. 또한 약 30년 전 내 모습을 되새기고 그 지나온 시간 동안 만들어온 새로운 내 모습도 찾게 해줄 젊은이가 필요했다. 나는 영중과 함께 사하라로 돌아가기로 결심했다.

그와 나는 전혀 다른 여행을 하겠지만, 동시에 서로에게 완벽한 여행 동반자가 될 것이란 생각은 처음부터 들었다. 그는 막 둥지를 떠나 바다로 향해 나가기 시작했고, 한국에서 알던 세상과 최대한 이질적인 환경에 자신을 던지고 있었다. 하지만 나는 순례 길에 올랐다. 33년 전 내가 운명처럼 정신적으로, 심지어 영적으로 태어났다고 말할 수 있는 장소로 돌아가려 하고 있었다.

나는 파리에서 영중과 그의 카메라맨 희현을 만나 사하라 사막

가운데 있는 알제리 령 오아시스 타만라세트Tamanrasset로 향했다. 우리 비행기는 새벽 2시 정각에 착륙했다. 세관을 통과하자마자 대기실에 '체체cheche'라고 불리는 전통적인 안면 두건과 푸른 가운을 걸친 투아레그 유목민들이 가득한 광경을 보고 기쁜 마음에 심장이 두근거렸다. 하지만 겨우 몇 분 후 우리 가이드들이 사륜구동 차에 짐을 싣는 모습을 KBS 카메라맨이 찍자마자 영중과 희현은 총을 겨눈 경찰과 군인들에게 둘러싸였다. 누구도 그들에게 공항도 군사 시설이며 촬영은 엄격히 금지되어 있다고 말해주지 않은 것이다.

두 한국인은 심문을 받기 위해 다시 공항으로 끌려 들어갔다. 한 시간이 지나도 그들이 경찰과 함께 안에서 나오지 않자 나는 매우 걱정이 되었다. 이전에 내가 알제리 당국과 겪었던 말썽이 떠올랐다. 한참 후 마침내 KBS 연출자와 카메라맨이 지친 기색으로 나왔다. 촬영 장비와 함께 그들을 풀어달라는 설득이 알제리 당국에 통한 것이다!

며칠 후 우리는 지금껏 봤던 지구상의 장소 중 가장 아름답다고 할 만한 높은 모래언덕 근처에 천막을 쳤다. 해가 질 때쯤 나는 근처 모래언덕 등성이를 올라갔다. 굽이치는 모래 산들이 끝없는 바다처럼 펼쳐진 광경을 둘러보았고 모래 산의 색깔이 노란색에서 주황색으로, 또 분홍색으로, 마지막에는 태양이 완전히 저물면서 따뜻하게 빛나는 갈색으로 변하는 모습을 지켜보았다.

그날 밤 투아레그 족들과 모닥불 주변에 앉아 있는데 영중이 다음 날 아침 일찍 일어나 250미터 높이의 언덕에 올라 일출을 보자고 제안했다. 나는 여태까지의 여행과 일몰 때 언덕을 오른 것만으로도 피곤해 사양하려 했지만, 영중은 제자로서 내가 꼭대기까지 오를 수 있도록 돕겠다고 했다. 그날 밤 언덕으로 둘러싸인 모래 위에 누워서 지평선 이쪽 끝에서 저쪽 끝까지 펼쳐진 별들을 담요 삼아 누워 있자니, 내가 만물의 중심에 있는 것 같았다. 이곳이야말로 지구상 어디보다도 내게 꼭 맞는 장소처럼 느껴졌다.

다음 날 새벽, 우리는 전조등을 켜둔 채 어두컴컴한 야영지를 떠나 모래 평원을 거쳐 언덕 초입까지 걸어갔다. 그러고는 어제 등반하기로 약속한 모래 언덕을 오르기 시작했다. 모래 위를 걷는 일이 등산로를 따라 산을 오르는 것보다 힘들긴 했지만 나는 이 한국인 제자가 등반하는 동안 어찌나 힘들어하는지 놀랄 수밖에 없었다. 그는 숨을 거칠게 몰아쉬었고 자주 휴식을 취하기 위해 멈춰야 했다. 그가 나를 돕는 게 아니라 내가 그를 도와야 했지만 우리는 장엄한 사하라의 일출 시간에 맞춰 정상에 오를 수 있었다.

그날 밤, 저녁 식사 전에 모두들 모닥불 근처에 앉아 있었다. 요리사 브라힘이 큰 그릇에 물과 밀가루를 붓고 오른손으로 반죽하기 시작했다.

"뭘 만드는 건가요?" 내가 물었다.

"타길라Tageela라는 투아레그식 빵이지요." 그가 대답했다.

"사하라 사막 가운데에서 어떻게 빵을 굽죠?"

"이렇게요." 그는 나무막대를 잡고 뜨겁게 타고 있는 불씨를 훑어 내더니 달궈진 모래에 구멍을 내고 반죽을 부었다. 그는 반죽을 모래로 덮은 다음 그 위에 뜨거운 숯을 올렸다. 나는 무심코 불쑥 내 뱉었다. "나도 전에 타길라를 먹어 봤어요."

갑자기 모든 일행의 관심이 내게 쏠렸다. 그들은 내가 언제 어떻게 타길라를 먹었는지 궁금해 했다. 나는 사막의 별빛 아래 모닥불 주위에 모여 앉은 이들에게 33년 전 내가 투아레그 족들과 보낸 하룻밤 이야기를 들려주었다. 그것은 내가 지난 20년간 동기부여를 주제로 한 강연에서 늘 했던 이야기였다. 나는 아마 그 이야기를 수만 명의 청중들에게 천 번은 넘게 했을 것이다. 그리고 이번엔 그 이야기를 이들에게 다시 가져왔다. 어쩌면 그 이야기가 나를 다시 그곳에 데려왔는지도 모른다.

이야기를 끝내자 아주 평온한 기분이 들었다. 마치 그 다섯 명의 유목민이 33년 동안 모닥불을 지키며 내가 돌아오기를 기다린 듯한 느낌이었다. 그 순간 유목민으로서의 내 일부, 언제나 아라비아의 로렌스가 되고 싶어 했던 내 일부, 오래전 내가 두고 떠났던 내 일부, 기업에서 강연할 때 놓치고 있던 내 일부, 작가로서의 내 일부를 찾은 것 같았다. 33년 동안 바다를 헤매다 성숙기에 이르러 뭍으로 올라온 거대한 거북이 된 느낌이었다.

나는 마침내 집으로 돌아왔다.

집에 돌아왔다는
사실을
깨달으라

켐프각시바다거북과 그 사촌격인 올리브각시바다거북은 '도착'이라는 뜻을 가진 스페인어 '아리바다 arribada'라 불리는 인상적인 행태로 집단을 이루어 알을 낳는 유일한 종이다. 아리바다는 알아보기 쉽다. 놀랄 만큼 많은 수의 거북들이 동시에 알을 낳기 때문이기도 하지만 어둠이 깔린 후에 소중한 알을 낳는 다른 다섯 종들과 달리 이 작은 몸집의 바다거북들은 환한 대낮에 뭍으로 모여들기 때문이다.

비록 켐프각시바다거북이 예전만큼 장관을 이루며 아리바다 하는 모습을 볼 수는 없겠지만, 올리브각시바다거북들은 여전히 상상을 뛰어넘는 수로 무리를 지어 동시에 해변으로 몰려와 우리를 놀라게 한다. 하지만 켐프각시바다거북이 멸종의 위기를 맞은 후 산란 지역을 순찰하는 과학자와 자원봉사자들이 얼른 알을 거두어 안전한 보호시설에서 부화를 시킨 후 방생해주고 있기 때문에 최근에는 단 한 마리의 켐프각시바다거북이라도 돌아오면 큰 주목을 끌고 있다.

과학자들은 그동안 아리바다의 목적이나 거북이 대낮에 알을 낳는 이유를 밝히지 못했다. 앞으로도 우리는 왜 바다거북들이 요란스런 귀향으로 이목을 끄는지 이해하지 못할지도 모른다. 하지만 우리 자신의 인생 여행에 있어서는 도착했다는 행동, 경험, 단순하게는 그 느낌이 이목을 끌도록 하는 일이 필수적이다.

내면의 집으로 돌아오는 것은 당신의 본질, 즉 당신이 누구인지를 말해주는 진실을 발견하거나 기억하고, 연결하거나 재연결하고, 찾거나 되찾는 순간을 말한다. 당신이 집으로 돌아올 때면 어디에 있든 그곳은 당신에게 꼭 맞는 곳이고 당신은 옳은 일을 하고 있는 것이다. 우리 각자의 아리바다는 운명을 실천하는 경험이기에 반드시 인식할 수 있어야 한다.

1장에서 나는 내면의 나침반이 두 가지 의문점을 가지고 있다고 썼다. 우리 존재의 핵심에 있는 깊은 내면의 힘이 우리에게 무엇을 바라는지 정확히 알 수 없으며, 그 힘을 따름으로써 어디에 다다르게 될지도 정확히 알 수 없다. 하지만 집으로 돌아오는 순간이 바로 지금껏 우리가 가졌던 의문의 답이자 우리가 본질과 나침반의 힘에 이끌려 지향했던 지점이다.

내면의 집을 찾기 위해 꼭 사하라 사막으로 가거나 33년의 시간을 보낼 필요는 없다. 집으로 돌아왔다는 깨달음, 자신의 본질로 돌아왔다거나 진실한 내 모습을 찾았다는 느낌은 생각보다 자주, 쉽게 경험할 수 있다. 이 책에서 언급한 방법들을 따른다면 즉시 귀향의 순간을 접할 것이다. 마치 떠나자마자 도착하는 듯, 둥지를 떠나는 것만으로 아리바다라는 감각을 느낄 수도 있다. 어떤 끌림을 따르거나, 사랑하는 일을 하거나, 자신만의 재능을 이용한다면 운명을 찾아 집으로 돌아온 기분을 느낄 수 있다.

최근에 나는 시오반이라는 젊은 친구에게 가장 집처럼 느껴지는 곳이 어디인지 물었다. 그녀는 주저 없이 대답했다. "마구간이요." 그녀는 10년간 승마에 엄청난 열정을 쏟았다고 이야기해 주었다. 말들이 가득한 마구간 문을 여는 단순한 행동만으로도 그녀는 진정한 자신의 본질과 그녀가 꼭 해야 할 일로 돌아오는 기분을 느낀다고 한다.

나는 춤을 출 때 내 몸이 집에 있다고 느낀다. 학생들에게 강연할 때, 특히 질의응답 시간에 집에 있다고 느낀다. 내게 꼭 맞는 장소에서 내게 어울리는 일을 하고 있다는 느낌이 든다. 내가 정말 춤을 잘 추거나 강연을 잘하는지는 모르겠다. 그저 내게 맞는 일이라고 느낄 뿐이다. 친구의 고민거리를 들어줄 때도 집에 있다고 느낀다. 대답이나 해결책을 생각하는 것은 아니고 그저 들어줄 뿐인데도, 내 마음은 고요하고 평화로워지고 꼭 맞는 장소에 있다는 생각이 든다.

심지어 골칫거리가 생겼을 때도 그것이 올바른 걱정이라면 집에 있다고 느낀다. 책을 집필할 때 마감 기한이 다가오면 나는 기간 안에 책을 완성하느라 엄청난 스트레스를 겪기도 한다. 마감 기한이 코앞에 다가올수록 나는 두문불출하고 더 열심히 작업한다. 친구들은 그런 나를 걱정하지만, 나는 평소 대부분의 작업을 하는 침대에서 일하며 문자 그대로 집에 있다. 더 중요한 점은 내가 그런 어려움을 겪고 있으면서도 집에 있는 듯 느낀다는 사실이다. 나는 책을

언제 어디를 여행하든, 우리의 인생을 건너는 여행의 목적은
진정한 집으로 돌아오기 위해서이다.

쓰기 위해 사회로 나아가 출판사를 찾고 마감에 맞추느라 스스로를 압박하기도 했다. 하지만 글 쓰는 작업을 할 때 집에 있다고 느낀다. 우리로 하여금 돌아왔다고 느낄 수 있게 하는 일이란 멈추지 않고 할 수 있는 일이어야 한다.

자신이 내면의 집으로 돌아왔다는 사실을 알아차리려면 훈련이 필수적이다. 나침반을 따라 집에 올 수 있는 방법은 여러 가지가 있다. 그렇기에 집에 돌아왔음을 알아차리는 것은 그만큼 중요하다. 스스로 자신이 도착했다는 사실을 깨달을 수 있어야 한다. "아, 바로 이거야. 마침내 집으로 돌아온 기분이다"라고 자신 있게 말할 수 있어야 한다. 우리는 집으로의 도착이 어떤 기분인지 알고 싶고, 어떻게 여기 도달했는지 기억하고 싶으며, 될 수 있는 한 자주 돌아오고자 한다.

운 좋게도 우리가 내면의 집을 찾았다는 사실을 알아줄 교사나 친구, 조언자, 동료, 가족과 친지가 주변에 있을 수 있다. 타인이 그 내면에 도달했음을 알아볼 수 있는 사람은 매우 현명하고 직관력 있는 사람이다. 자신이 스스로 내면의 집을 찾은 경험도 분명 있을 것이다. 그러나 누군가 우리의 본질을 찾도록 도와준다 해도, 여전히 당신이 내면의 집에 도착했음을 인식할 때 해야 할 중요한 일이 있다.

자신의
알을 낳고
떠나라

　오늘날 해마다 약 2,000마리의 암컷 켐프각시바다거북들이 산란을 위해 멕시코 만으로 모여든다. 예전의 아리바다만큼은 아니지만 멸종 위기까지 갔던 1970년대에 비하면 매우 괄목할 만한 수치이다. 새우잡이 저인망 어선들이 거북 보호 장치를 사용하기 시작하고 해변에서 밀렵꾼들을 몰아내자, 종이 유지될 수 있을 만큼 개체 수가 조금씩 늘어나기 시작했다. 또 다른 성공 요인은 멕시코에서 채취한 알들을 주변의 다른 해변으로 옮겨준 것이다. 성체가 된 암컷들은 이제 그들이 태어난 새 해변으로 알을 낳기 위해 돌아가고 있다. 심장 약한 거북이 위기를 넘기게 되었다!

　다른 바다거북과 마찬가지로 암컷 켐프각시바다거북은 산란기에 여러 뭉치의 알을 낳는다. 그들은 마치 춤추며 껑충 뛰는 듯한 동작으로 둥지를 모래로 덮고 다진 후에 3~4주 정도 쉬기 위해 바다로 갔다가 다시 뭍으로 돌아온다. 끝으로 세 번째 뭉치의 알을 낳은 후 산란기를 마친 그들은 먹이를 구하러 바다로 향한다. 몇 년 후 암컷들은 다시 돌아와 같은 일을 반복한다. 이런 순환은 그들의 일생 동안 계속된다.

　거북이 낳은 알들은 이 종의 미래이다. 자신이 태어난 해변으로 돌아가고 소중한 알을 낳음으로써 수년 전 갓 부화한 새끼가 젖은 모래 위를 달리던 때부터 예정된 자신의 숙명을 완수한다. 두어 달

후에 새끼들이 태어나 그들의 위대한 여정을 시작할 것이다. 이 알들은 이제까지 거북이 지녔거나 만들어낸 가장 고귀한 일이다. 어미는 알을 낳음으로써 새끼거북들이 똑같은 일을 할 수 있는 기회를 제공한다.

우리는 어떤 면에서 항상 다시 태어나려고 한다. 순환하는 삶 속에서 우리는 일을 하거나, 공부하거나, 가족을 부양하거나, 여행하기 위해 세상으로 나아간다. 둥지를 떠나 열정을 따른다. 자신의 재능을 발견하고 그것을 필요로 하는 곳을 찾는다. 힘든 시기에는 깊이 가라앉아 의미를 모색하기도 한다. 그러다 갑자기 우리는 내면의 집을 찾는 경험을 하고 내면의 목적지에 도달한다. 내부에서 무엇인가 성장하고, 자신에게 새로운 신념이 자라나고, 지혜가 생기고, 각자의 바다에서 배운 교훈이 자신을 바꾸고 내면의 보물을 새롭게 이해하는 방법을 보여줬기에 우리는 그 목적지에 도달할 수 있다.

또한 우리는 내면으로 돌아오는 과정에서 찾은 잠재력을 깨닫고 자기 것으로 만들 수 있어야 한다. 인식과 발견이라는 소중한 알은 우리가 이름 붙이고 개발하지 않으면 유지될 수도, 잠재력을 키울 수도 없다.

사하라 사막에서 나를 집으로 이끌어준 모든 것은 이미 내 안에 있었다. 늘 거기 있었다. 하지만 내가 직접 그들에게 이름 붙이고 내 것으로 만들어야 했다. 그게 바로 알을 낳는 일이다. KBS 제작

팀과 순례 길을 같이하는 동안 나는 거의 매일 사하라에 돌아와서 무엇을 얻었는지 설명해달라는 질문을 받았고 카메라는 늘 나를 따라다녔다.

작가로서의 내 일부를 발견하고 그것을 알아차린 일이 그날 내가 낳은 알이다. 그 알은 이미 부화해서 지금은 거대한 바다를 헤엄치고 있다. 청중 앞에 서기를 좋아하는 내 일면을 재발견한 일은 나를 끊임없이 일할 수 있게 만드는, 그러나 집으로 돌아가면서 겪은 경험들 덕분에 좀 다른 방식으로 새로운 열정을 가지고 일할 수 있게 만들어준 진정한 재탄생이었다.

내면의 집에 도착했다는 생각이 들 때마다 스스로 다큐멘터리의 주인공이라고 상상해보라. 당신을 향한 카메라의 녹화 테이프는 계속 돌아가고 있다. 당신은 질문을 받는다. "드디어 자신에게 돌아오셨는데 무엇을 얻으셨나요? 자신에게 어떤 점을 배우셨나요? 어떤 변화가 있었나요? 무엇이 달라졌나요?" 이 질문들의 답이 바로 당신의 알이다. 그들에게 이름을 지어줌으로써 당신은 그 알을 자기 것으로 만든다. 그들은 부화해서 껍질을 깨고 나와 당신을 정해진 삶으로 더 멀리 이끈다.

사하라 여행 얼마 후 나는 수천 명의 보험 대리인들에게 강연을 하기 위해 한국에 갔다. 때마침 KBS를 통해 사하라에서 '집을 찾는' 내 모습을 시청할 수 있었다. 더 중요한 것은 영중을 다시 만났다는 사실이다.

그는 사하라로 가려는 동기가 아주 뚜렷했다. 인생의 의미를 배우려 했고, 이는 곧 자신에 대해 배우려 했다는 뜻이다. 사막 여행 당시 영중은 아내가 첫 아이를 임신했다는 소식을 막 들었다. 그는 곧 부모로서 위대한 삶의 여정을 시작할 것이며 이 경험이 아내와의 관계에도 좋은 변화를 가져오리라고 생각했다. 사하라는 훌륭한 아버지, 좋은 남편, 좋은 제작자로서 자신을 온전히 발견하기 위한 외적 여행이었다. 그리고 물론 나의 경우와 마찬가지로 그런 일면들은 이미 영중의 내면에 숨어서 그가 발견해 주기만을 기다리고 있었다.

나는 그를 다시 만나서 아주 기뻤다. 사하라에서 만든 아름다운 다큐멘터리를 보고 무척 자랑스러웠노라고 영중에게 말했다. 그는 사막에서보다 성숙하고 강하고 자신감 있어 보였고, 나는 그가 한국에 돌아와서 내면의 집을 찾았음을 알았다. 그는 자신이 찾던 것을 발견했다.

두 달 후 나는 영중의 이메일을 받았다. 그는 이미 히말라야에서 새로운 다큐멘터리를 찍고 있었다. 오은선의 기록 경신 등반을 촬영하기 위해 해발 4,130미터 안나푸르나 베이스캠프까지 수월하게 올랐다고 했다. 겨우 250미터 높이의 모래 언덕을 힘겹게 오르던 그를 떠올리며, 그가 사막에서 낳았던 알이 히말라야에서 부화했다는 생각에 미소를 지었다.

영중은 5년 안에 사하라로 다시 가겠다고 다짐했다. 아마 그는 사하라로 돌아가서 자신의 더 많은 부분을 발견할 것이다. 나는 그리 오래 기다릴 수 없었다. 일 년 뒤 나도 돌아가려 한다. 하지만 이것은 우리가 내면에서 하고 있는 여행을 비춰주는 외면의 여행일 뿐이다. 영중과 내가 자주 사하라로 가더라도 어떤 시기에는 분명 그곳을 떠나야 한다.

우리의 숙명인 내면의 집을 찾아내는 일조차 영원히 지속되지는 않는다. 그 경험 또한 언젠가는 떠나야 하는 인생 여행의 한 과정이다. 그러나 우리 여정의 결실, 진정한 우리의 본질을 이름 짓고 자기 것으로 만듦으로써 새로운 알들은 부화되어 또다시 새로운 여행을 시작한다. 우리는 내면 깊은 곳의 핵심과 더욱 굳건한 관계를 맺고 이를 간직할 수 있다.

오고 가고, 떠나고 돌아오는 것은 거북과 사람이 겪어야 할 끝없고 영원한 순환이다. 우리의 여행은 1분, 하루, 6개월 혹은 33년이나 계속되기도 한다. 그러나 바다를 떠도는 시간이 얼마가 됐든 중요한 것은 자신의 나침반을 발견하고 따르는 일이다. 나침반은 언제나 내면의 집과 운명, 실천해야 할 삶으로 우리를 이끌어주기 때문이다.

변화의 사막을 건너고 나면 우리는 종종 평화와 안정의 순간을 맞게 된다. 우리는 이제 해변까지 왔다. 하지만 우리가 단지 안정과 평화, 성공의 마침표라 할 수 있는 해변에 도착하기 위해 과도기의 사막을 건넜다는 생각은 분명 잘못이다. 그렇게 믿는다면 우리는 유목민의 옷을 입은 등산가가 되고 마는 것이다. 정상의 이름이 해변으로 달라진 것뿐이다.

인생을 쉬지 않고 건너야 끝없는 사막의 연속으로 보는 것도 잘못된 생각이다. 그렇게 생각하면 너무 끔찍하지 않은가. 쉬지 않고 언덕 위로 바위를 굴리는 시시포스가 되어버린 것 같은 기분이지 않겠는가.

인생을 여행할 때는 도착했음을 느낄 줄도 알아야 한다. 한 걸음 한 걸음 내디디면서 그것이 다음 목적지를 향해 내딛는 것임을 느낄 줄 알아야 한다. 우리 안에는 여행과 목적지가 공존한다. 누군가 우리에게 사막에 있는지 해변에 있는지 물으면 대답할 수 있어야 한다. 혼란스럽고 절망스러우며 심지어 필사적이기까지 한 변화를

188

겪고 있는 중이라도 우리는 분명하게 다음과 같이 대답할 수 있어야 한다.

"나는 여기에 있다. 현재가 바로 나의 인생이며, 난 이제 여기에 도착했다."

이와 대조적으로 모든 것이 잘 돌아갈 때, 모든 것이 제자리를 잡고, 인생이 순조로울 때도 우리는 여행이 계속되어야 한다는 것을 잊어서는 안 된다. 어떤 점에서는 이런 순간에도 이미 변화는 시작되고 있을지도 모른다. 따라서 나침반을 점검하고 가고 있는 방향을 잊지 않아야 한다.

선원이나 유목민들에게는 인생 자체가 여행이다. 따라서 그들은 이동할 때나 항해할 때, 그 순간을 최대한 활용하려 노력한다. 인생은 따분할 때도 있고 무서울 때도 있다. 헷갈릴 때, 지겨울 때, 불확실할 때, 즐거울 때도 있다. 우리는 인생의 하루하루가 우리에게 어떤 날을 선사해줄지 알 수 없다. 하지만 멋진 여행을 하기 위해 노력은 할 수 있다.

멋진 여행이란 돈을 잔뜩 들여서 흔들림 하나 없이 안락한 길을 달리는 그런 여행이 아니다. 단순히 여행하는 그 순간순간을 최대한 활용하는 것이다. 그것은 태도의 문제이다. 멋지게 여행하는 것은 끊임없이 밀려오는 인생의 밀물과 썰물을 평화스럽게 받아들이고, 우리 앞에 놓인 것을 받아들이는 것을 의미한다. 가족을 부양하고 있다면 그 사실을 기꺼이 받아들여야 한다. 직장을 옮기는 중이라면 그것을 그대로 받아들이라. 길을 잃었다면 그 사실도 그대로 받아들여야 한다.

멋지게 여행할 때, 우리는 자신을 포함해서 아무것도 완벽하지 않다는 사실을 받아들여야 한다. 그렇게 하면 스트레스도 덜 받게 되고 더욱 즐거운 마음으로 여행할 수 있다. 멋진 인생의 여행길에서, 우리는 표지만 보고 책을 판단하지 않는다. 직업만으로 드라이클리닝 하는 사람을 평가하지 않는다. 낡고 녹슨 배의 동체만 보고 아프리카의 화물선을 판단하지 않는다. 겉모습만 보고 사막을 평가하지 않는다. 호기심에 가득 찬 여행자의 자세로 인생에 접근하면 평범한 여정 또는 힘든 여행길 속에서 내가 누구인지, 지금 어디에 있는지를 발견할 수 있다.

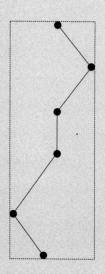

/

일곱 번째 방법

남반구에 위치한 호주는 별로 연구되지 않았고, 거의 알려지지 않은 가장 신비스런 바다거북 종인 납작등거북Flactback turtle의 서식지이다. 대모거북 정도의 크기에 무게가 90킬로그램까지 나가는 이 거북은 외딴 호주 해변에만 보금자리를 만든다. 한 번에 낳는 알은 모든 바다거북 중 가장 적은 50개 정도에 불과하다. 그러나 알의 크기는 매우 커서 거의 장수거북의 알 크기만 하다. 갓 부화된 새끼거북 역시 크다.

납작등거북은 둥지를 떠나자마자 먼 바다로 모험을 떠나지 않는 유일한 종이다. 납작등거북은 사는 동안 한 번도 깊은 바다로 나가지 않는다. 하지만 아무리 멀리 가지 않는다 해도 먹이를 찾으러 다니지 않을 수는 없다. 호주 대륙붕을 좀처럼 떠나지는 않지만, 납작등거북은 먹이를 찾기 위해서 거의 1,000킬로미터 넘게 여행한다. 넓게 보면 결국 이 종도 다른 여섯 종의 거북처럼 방랑의 삶을 산다. 다른 여섯 종과 마찬가지로 등딱지를 가지고 있다. 말 그대로 살 집을 가지고 다닌다. 바다거북들은 짝짓기를 위해 태어난 곳으로 돌아오는 어마어마한 대항해를 하지만, 결국 어디를 가든 집에 있는 셈이다.

그래서 이것은 아마 일곱 번째, 즉 부가적 방법일 것이다. 거북의 등딱지처럼, 당신의 깊은 자아, 나침반, 운명이 당신을 보호하고 둥지가 되어줄 것이다. 살면서 보금자리를 떠날 때마다 당신 내면의 집 등 중요한 것들은 모두 바로 당신과 함께 간다. 우리도 어디서건 집에 머물 수 있다. 운명 지어진 삶의 거대한 자력에 이끌리는 장대한 항해에서, 거북이의 등딱지, 그리고 그것이 제공하는 안전한 이미지를 통해 영감을 얻으라.

호주는 가장 최근에 우리 가족이 된, 두 살 난 손자의 고향이기도 하다. 할아버지가 된 기쁨과 즐거움으로 나는 이 나침반의 방향을 따른다. 이 작은 손자 거북이 언젠가는 조그마한 서핑 보드를 팔에 끼고 바다를 향해 잰걸음으로 달려가는 모습을 보길 고대한다! 그러나 사하라 사막으로 돌아오고 난 후, 내가 속해 있다는 느낌이 드는 곳이 점점 많아지고 있다는 사실을 고백해야겠다. 특히 한국은 내게 제2의 고향 같다.

이 마지막 생각들을 정리하여 적고 있을 때, 나는 납작등바다거북의 서식지, 그리고 딸의 새 집과 그리 멀지 않은 곳에 있었다. 뉴질랜드 남섬의 퀸즈타운Queenstown이다. 이곳을 아는 사람들은 매우 아름다운 장소이고, 거기서 무척 편안히 지낼 수 있을 거라고 했다. 뉴질랜드 남섬은 산에 눈이 덮여 있었고 깊은 절벽 사이의 피오르드 같은 호수는 브리티시 콜롬비아를 연상시켰다. 그러나 뭔가 이상하다는 느낌이 들었다. 이유 없이 불안해서 머리를 내 거북 등껍질에 밀어 넣고 싶은 기분이었다.

호텔 방에서 막 잠이 깨어 정신이 없을 때, 어둠 속에서 침대가 정신없이 흔들렸다. 캐나다와 시차가 커서 몸이 아직 적응을 못해서 이런 기분인가 싶었다. 시계를 보니 새벽 4시 35분이었다. 그런데 시간이 흘러도 왜 여전히 침대가 흔들리고 있는지 이해되지 않았다.

처음에는 신혼부부들에게 인기가 많은 허니문 호텔이라서, 옆방

부부가 아주 멋진 시간을 보내고 있나 생각했다. 그러나 침대뿐 아니라 옷장에 있는 옷걸이들, 그 외 모든 물건이 '사랑의 리듬'에 맞춰 여기저기 요란하게 흔들리자 금세 상황을 파악할 수 있었다. 잠시 후 내가 강력한 지진 한가운데 있다는 것을 깨닫고 엄청나게 무서워지기 시작했다. 긴 시간 동안의 진동이 멈추자마자 아래층에 있는 프론트 데스크에 전화했다. 직원은 지진이 있긴 했지만 호텔에는 아무 문제가 없는 것 같다고 말했다.

몇 시간 더 선잠을 자다가 아침을 먹으러 식당으로 내려갔을 때, 비로소 나는 호텔에서 겨우 수백 킬로미터 떨어져 있는 크라이스트처치에 규모 7.1의 대지진이 일어났다는 놀라운 사실을 알았다. 10만 가구가 파손되고 물과 전기 공급이 거의 끊어진 상태였다. 다리들은 무너지고 도로 곳곳이 엄청나게 파손되어 통행이 불가능해졌으며, 사람들은 더 큰 손상과 피해를 가져올 수 있는 여진의 공포에 떨고 있었다. 기적적으로, 사망자는 아직 없었다. 이후 거의 열흘 동안 간혹 5.1의 강도에 달하는 여진 등 총 300번이 넘는 여진이 피해 지역을 덮쳤다.

뉴질랜드는 지구상에서 지진이 가장 자주 발생하는 지역 중 하나이다. 내가 사는 북아메리카 서해안도 마찬가지이다. 밴쿠버 섬은 300년마다 대지진을 겪어왔는데, 사람들은 언제든 다음 대지진이 일어날 수 있다고 말한다. 우리 행성의 중심부에 숨겨진 힘이 얼마나 강력한지 기억하는 데 내가 퀸즈타운에서 경험했던 '모닝콜'만한 것은 없으리라. 지진은 이 행성이 우리의 생각처럼 단단하고 고정되어 있지 않다는 사실을 상기시킨다. 바로 우리의 인생이 흔히 생각하는 것만큼 고정되어 있지 않듯이.

우리, 그리고 지구는 끊임없이 성장하고 변화한다. 가끔은 이상하기도 하고, 너무 깊은 곳에서 일어나 그냥 지나치기도 하지만 분명 움직이고 변화하는 중이다. 때로는 우리가 일상적으로 생활하는 곳 바로 밑의 진앙지에서 발생해 구조적인 변화를 일으키기도 한다. 지구의 핵에 있는 에너지나 우리 깊은 곳에 있는 힘은 둘 다 상상할 수 없는 거대하고 어마어마하다. 우리는 나침반이 우리의 핵에서 항상 신호를 받고 있다는 이점을 갖고 있다.

우리가 느끼는 매력, 우리가 소유한 재능과 능력, 우리가 저지르

는 실수, 우리가 뛰어들어 침잠하는 그 깊이를 통해서 세상으로 나
가는 길을 알려주고, 이후에는 자신의 집으로 돌아오는 길을 몇 번
이고 다시 알려준다. 그래서 궁극적으로 우리는 어디에 있든 집에
있게 된다.

바다거북 구하기

전 세계적으로 수많은 바다거북이 위험에 처해 있다. 어떤 종은 특히 심각한 위협을 받고 있다. 빠르고 적절한 보호 대책을 세우지 않는다면 태평양 장수거북은 가까운 미래에 멸종될 것이다. 이는 단순히 바다거북뿐 아니라 생태계와 환경 전체에 크게 영향을 미치는 중요한 문제이다.

과학자들은 20세기 초에 생존했던 바다거북 중 단 1퍼센트만이 현재 전 세계 바다에 서식한다고 추산하고 있다. 거북의 생존을 가장 심하게 위협하는 것은 기업형 어업, 식용 채취, 부화 지역의 개발, 알의 포획 등이다.

다행히 바다거북을 살리려고 노력하는 단체들이 많이 있다. 그 단체를 재정적으로 지원하는 것도 훌륭한 도움이다. 그밖에도 장대한 여정으로 우리에게 영감을 주는 이 품격 있는 동물의 생존을 돕기 위해 개인이 할 수 있는 아주 중요한 일들이 또 있다.

누구나 할 수 있는 가장 중요한 일은 바다거북을 보호하는 어업 법을 각국 정부가 올바로 만들고 시행하게 하는 것이다. 당신이 바다거북의 산란지나 서식지인 국가에 살고 있지 않을지라도, 당신 국가의 대형어선이 그물망이나 주낙 갈고리로 어획을 하다 뜻하지 않게 수천마리의 거북을 죽이거나 다치게 할 수도 있다. 관계당국에 연락을 취해 어획 시 바다거북을 위한 좀 더 나은 규제 법률이 필요하지 않은지 확인해보라. 또한 거북을 보호하기 위해 이미 제정되어 있는 국제 조약을 당신의 나라가 채택하고 강화하도록 촉구하라.

최선의 방법 가운데 하나는, 당신이 거북이가 알을 낳고 서식하는 지역에 방문하거나 휴가를 가는 것이다. 그곳의 해변을 살펴보고 그 바다에서 헤엄쳐보라. 알을 낳고 있는 거북이나, 부화하는 보금자리, 혹은 산호초를 따라 홀로 헤엄치는 거북을 발견하는 행운이 생기면, 그 어느 때보다 더 그들을 보호하고 싶은 마음이 간절해질 것이다. 지역 주민들에게는 당신이 거북 때문에 그곳에 방문했다고 알리라. 한 마리의 살아 있는 대모거북은 알을 낳고 먹이를 먹는 장소

근처 지역 경제에 3만 달러의 가치가 있다고 추산된다. 지역주민들이 이 살아 있는 자연자원을 돌보도록 격려하라. 이런 모든 행동이 알 포획, 식용을 위한 거북 생포, 거북이 산란 지역의 해변 개발을 줄일 것이다.

아직 늦지 않았다. 모두 함께 힘을 모은다면 아름답고 오래된, 우리에게 영감을 주는 이 바다의 생명체가 계속 살아남을 수 있도록 할 수 있다.

/

감 사 의 글

/

글쓰기는 생각처럼 결코 고독한 일이 아니다. 자신이 전에 겪은 인생 경험을 책으로 엮어낼 경우엔 특히 그렇다. 내 삶의 큰 기쁨이 되어주고 그들에게 배운 삶을 책을 통해 세상에 이야기 할 수 있게 해준 내 아이들, 클로이와 스피릿에게 감사하고 싶다. 변함없는 사랑과 지지를 보내주는, 특히 마감 기한에 맞추기 위해 마지막 박차를 가하고 있을 때 도와준 모린 맥도웰에게 감사하고 싶다. 최종원고를 공들여 집필하는 동안 편집자의 날카로운 눈과 나를 웃게 만드는 기지 덕분에 자주 고마움을 느꼈다. 또한 바다거북에 대해 적절하고 상세하게 조사해준 연구조수 몰리 맥도웰-파울로스키와 레이첼 쿨렌에게도 감사한다.

특히 이 책이 세상에 나올 수 있게 해준 출판사의 격려에 감사한다. 그들의 지원이 없었다면 이런 결실을 맺지 못했을 것이다. 편집자와 번역가, 그리고 출판사에도 특별히 감사하고 싶다. 나의 첫 번째 책을 읽은 독자들이라면, 사하라 사막이 내게 얼마나 특별한지 알 것이다. 나보다 이 지역과 지역 주민들을 훨씬 더 사랑하는 비르지니 비아르네이의 도움이 없었다면 나는 알제리로 돌아가지 못했을 것이다.

사막 안내인 물레 하라치와 투아레그 유목민 동료들에게도 감사의 말을 전하고 싶다. 우리에게 영상팀을 지원해주어 내 여행을 가능하게 해준 한국방송(KBS)도 빼놓을 수 없다. 한국방송이 보내준 지원과 조영중, 박희현의 우정에 감사한다.

마지막으로 나의 소중한 친구 검부트 프로덕션의 피터 캠벨에게 감사하고 싶다. 그가 보여준 우정, 그와 함께한 여행, 그리고 같이 만들기로 한 영화는 최근 내 삶의 여정과 어울려 이 책의 토대가 되었다. 그의 많은 도움 덕분에 내 꿈은 현실이 되었고 이 책이 나올 수 있었다.

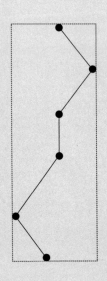